Wendelin Wiedeking

ANDERS IST BESSER

WENDELIN WIEDEKING

ANDERS IST BESSER

Ein Versuch
über neue Wege
in Wirtschaft
und Politik

Piper
München   Zürich

ISBN-13: 978-3-492-04949-8
ISBN-10: 3-492-04949-4
6. Auflage 2007
© Piper Verlag GmbH, München 2006
Satz, Kösel, Krugzell
Druck und Bindung: GGP Media GmbH, Pößneck
Printed in Germany

www.piper.de

....

INHALT

Vorwort   7

• • • 1. KAPITEL:
Vom aufrechten Gang
oder:
Warum wir endlich tun müssen,
was wir sagen 11

• • • 2. KAPITEL:
Zocker und Zyniker
oder:
Die deutschen Manager und ihr
schlechtes Image 33

• • • 3. KAPITEL:
Die weißen Raben
oder:
Es gibt sie noch, die guten
Unternehmer 57

• • • 4. KAPITEL:
Werte als Wegweiser
oder:
Woran Man(ager) sich
halten muss 91

• • • 5. KAPITEL:

Der Ruf nach der Politik
oder:
Wir brauchen mehr Mut 119

• • • 6. KAPITEL:

Das Beispiel Porsche
oder:
Dem Geschickten gehört
die Zukunft 161

• • • 7. KAPITEL:

Der Kopf ist rund
oder:
Warum der Regelbruch hilft 209

Statt eines Nachwortes 229

Anmerkungen 233

VORWORT

Ein Buch? Hat der Chef von Porsche nicht etwas Besseres zu tun? Sich etwa darum zu kümmern, dass die beeindruckende Erfolgsserie seines Unternehmens nicht abreißt? Die vierte Baureihe, den Panamera, erfolgreich auf den Markt zu bringen? Oder schließlich die anfangs hart kritisierte Beteiligung an Europas größtem Autokonzern VW zu managen, mit der er alle Welt überraschte? Und im Übrigen: Hat er sich nicht oft genug mit kontroversen Gedanken zu Wort gemeldet, die manchen Manager den Kopf schütteln ließen oder einfach nur ärgerten? Muss es nun auch noch ein Buch sein, um die Eitelkeit des Erfolgreichen zu befriedigen und aller Welt wieder einmal zu zeigen, dass er es besser weiß?

Solche Gedanken mögen einem Leser durch den Kopf gehen, wenn er dieses Buch zum ersten Mal in den Händen hält. Aber um Besserwisserei geht es nicht im Geringsten – ganz im Gegenteil. Vor Überheblichkeit bewahrt mich die noch immer sehr frische Erinnerung daran, dass Porsche einmal ganz nahe am Abgrund stand und uns nur Millimeter vom Absturz trennten. Ich werde niemals vergessen, wie ich harte Entscheidungen treffen musste und dabei Menschen in die Augen geschaut habe, die Angst um ihren Arbeitsplatz und die Existenz ihrer Familie hatten. In solchen Situationen lernt man Demut.

Selbstverständlich glaube ich auch nicht, alle Manager und Unternehmer müssten nur Porsche eins zu eins nachahmen, um erfolgreich zu sein. Wir haben nicht die ultimative Erfolgsformel gefunden, die alle nur ganz genau kopieren müssten. Es gibt viele Wege zum Erfolg und jedes Unternehmen, jeder Unternehmer muss seinen eigenen finden.

Unser Erfolg ist auch kein Geheimnis, sondern zunächst und vor allem das Ergebnis von harter Arbeit einer motivierten Mannschaft. Von Menschen, die sich mit dem Produkt identifizieren, das sie herstellen, und die sich dafür engagieren – vom Werker am Band bis zum Vorstand. Natürlich haben wir auch Glück gehabt bei mancher Entscheidung, deren Folgen wir nicht bis ins Detail voraussehen konnten. Vielleicht war es auch das Glück des Tüchtigen.

Wir haben aber auch ein paar Erfahrungen gemacht, die interessant genug sind, um erzählt zu werden. Und wir haben ein paar Grundsätze, die man, davon bin ich fest überzeugt, in der heutigen Zeit der allgemeinen Unsicherheit und der kurzfristigen, manchmal schon atemlosen Profitorientierung nicht deutlich genug vertreten kann. Ohne Gewinn geht es natürlich nicht in unserer Wirtschaft, das kann und will gerade ich am allerwenigsten bestreiten. Aber Gewinn ist nicht alles. Unternehmen dürfen nicht nur Kosten kappen, um schnelle Profite zu machen, sondern sie müssen ein langfristiges Ziel haben, eine Vision. Der Aktionär steht keineswegs im Mittelpunkt aller Überlegungen und Entscheidungen, sondern der Kunde. Unternehmer müssen sich auch politisch äußern und engagieren; damit sie dies glaubwürdig tun können, sollten sie sich vorbildlich verhalten. Selbstverständlich haben sie auch eine soziale Verantwortung, gegenüber ihren Mitarbeitern sowieso, aber auch gegenüber der Gesellschaft. Am allerwenigsten habe ich deshalb bei unserem VW-Einstieg den Vorwurf verstanden, dies sei eine typisch deutsche Lösung.

Es geht mir um diese Grundsätze, ja vielleicht sogar Werte, in einer Zeit, in der mit dem Stichwort »Globalisierung« fast alles in Frage gestellt wird. Auf keinen Fall aber will ich in eine Situation kommen, die man hin und wieder im Fußball beobachten kann: Wenn Mannschaften mit viel Glück in letzter Minute eins zu null gewinnen und der Trainer anschließend erklärt, das sei das logische Ergebnis seiner klugen Taktik, die von der Mannschaft diesmal hervorragend umgesetzt worden sei.

WENDELIN WIEDEKING

Vom aufrechten Gang

oder:
Warum wir endlich
tun müssen,
was wir sagen

Das Wetter hatte sich über Nacht erheblich verschlechtert. Nach etlichen sommerlich schönen Tagen war es an diesem Septembermorgen mit knapp über zehn Grad ungewöhnlich kalt in Paris. Dichte Regenwolken hingen über der Stadt und die Straßen waren nass, als im frühen Morgengrauen ein Laster im tagsüber von Autos umtosten Rondell um den Triumphbogen stoppte. Mehrere Männer entluden ein bis dahin absolut geheim gehaltenes Fahrzeug – eine Studie des Porsche Carrera GT.

Unter dem Schutz von Pariser Polizisten auf Motorrädern startete Walter Röhrl den Zehn-Zylinder-Motor, der 612 PS auf die Straße bringt. Dann umrundete er vorsichtig den Triumphbogen zweimal, fuhr die Champs-Élysées hinunter bis zum Place de la Concorde und dann direkt in den Innenhof des Louvre. Eine Zeitung schrieb später: »Es war das erste Kunstwerk, das aus eigener Kraft zum Louvre fuhr.«

Die gesamte Fahrt wurde aufgezeichnet und per Video in das Gebäude übertragen. Das einem Amphitheater nachempfundene Auditorium des wohl berühmtesten Kunstmuseums der Welt war zu dieser unchristlichen Stunde brechend voll – trotz Regens und Kälte und obwohl Metro und Busse wegen eines Streiks stillstanden. An diesem 28. September 2000, dem ersten

Pressetag des Pariser Autosalons, hatte Porsche 400 Journalisten aus der ganzen Welt in den Louvre eingeladen. Es waren sogar noch mehr gekommen – um 6 Uhr morgens, ohne dass man ihnen oder irgendjemandem sonst gesagt hätte, was sie erwarten werde.

Die außergewöhnliche Inszenierung entsprach mit Sicherheit nicht den Regeln traditioneller Pressearbeit – wer lädt schon Journalisten zu nachtschlafender Zeit ein und sagt ihnen nicht einmal, was man zu bieten hat? Aber sie war ein voller Erfolg. Porsche war an dem Tag minutenlang in den Hauptnachrichten des staatlichen französischen Fernsehens, Porsche war das Tagesgespräch auf der Messe und hatte anschließend eine weltweite Presseresonanz, die ihresgleichen sucht.

Darum geht es bei solchen Aktionen zunächst auch. Nur wer anders ist, fällt auf, zumal, wenn er klein ist. Außergewöhnliche Inszenierungen haben den Zweck, sich in einer immer schnelleren und schrilleren Medienwelt noch Gehör und Aufmerksamkeit zu verschaffen. Das ist wichtig. Doch es ist bei weitem nicht alles. Aktionismus, der sich im bloßen Showeffekt verausgabt, hat langfristig keine Wirkung, ja er fällt sogar negativ auf den Verursacher selbst zurück.

Die Nacht-und-Nebel-Aktion in der französischen Hauptstadt war vielmehr ein sehr anschauliches Beispiel für die Maxime, der das Management des kleinsten unabhängigen Autobauers der Welt in den vergangenen 15 Jahren immer gefolgt ist: Um dort hinzukommen, wo Porsche heute steht, haben wir häufig die ausgetretenen Pfade verlassen, auf denen mancher unserer Wettbewerber wandelt, und uns unseren eigenen, nicht immer bequemen Weg gebahnt.

Wir haben unseren Job so gut wie möglich gemacht und wenn uns etwas nicht passte, dann haben wir es ohne große diplomatische Rücksicht kundgetan. Zunächst wurden wir dabei nur von dem Motiv angetrieben, die Existenz des Unternehmens zu sichern. Denn Anfang der 90er Jahre hätte wohl kaum noch jemand einen Pfifferling für das selbstständige Überleben von Porsche gegeben. Die Übernahme durch einen Großen der Branche schien unabweislich – so wie bei anderen traditionsreichen Marken der Branche. Dass nur wenige große Weltkonzerne im Autobau überleben könnten, schien die eherne Regel zu sein.

Mittlerweile haben wir festgestellt, dass unsere Strategie zum Überleben auch als Erfolgsmodell taugt. Und es stellt sich die Frage, ob Porsche mit seinem Erfolg nicht jede gängige Theorie über das erfolgreiche Management eines Unternehmens auf den Kopf stellt, weil wir mit wenig Sinnhaftem den schnöden Mammon mehren. Wie kommt es, dass wir schon ziemlich regelmäßig für unser gutes Image geehrt werden?

Nun, eine Antwort ist wohl die Tatsache, dass nicht wir uns verändert haben, sondern dass sich die Welt um uns herum gewandelt hat – nicht notwendigerweise zum Besseren. Wir stehen ganz einfach zu uns und liegen damit nicht im Trend, was offensichtlich Eindruck macht und Image schafft.

Wir entziehen uns konsequent der Modedroge Fusionitis, weil wir wissen, dass dieser Drogenkonsum in über 70 Prozent der Fälle zu Katzenjammer führt. Wir balzen mit niemandem in der Absicht, uns mit ihm zu vermählen, weil der Schwur ewiger Treue schon im richtigen Leben selten eingelöst wird.

Wir verzichten auf jede Form staatlicher Mitgift, und wir stehen zum »Made in Germany«, weil wir gelernt haben, dass Profit nur dann entsteht, wenn die Kunden weltweit auch bereit sind, Premiumpreise zu zahlen. Wer an Billigstandorten produziert, wird global keine Porsche-Preise ernten können.

Wir wissen ziemlich genau: Profit ist noch immer das, was von den Erlösen nach Abzug aller Kosten übrig bleibt. Heute nennt man die Perversion dieses einfachen Prinzips zwar im gängigen Management-Anglizismus Shareholder Value. Doch das ist überhaupt nicht neu, auch wenn es in einer fremden Sprache daherkommt.

Aber nicht jeder, der sich einer »dominanten« Logik widersetzt, die das Management weltweit erfasst hat, liegt schon falsch. Denn es stimmt ja, dass eine dominante Logik noch nicht unbedingt eine zwingende ist. Und die Lehre daraus heißt?

Erstens: Das Image einer Marke wird nicht über den Mainstream definiert – ganz im Gegenteil.

Zweitens: Was Wirtschaft ist, kommt in Dax, Dow Jones oder Nikkei nur unzureichend zum Ausdruck.

Drittens: Kosten zu reduzieren ist notwendig zum Überleben, aber es ist nicht alles. Wer wirtschaftlichen Erfolg haben will, der braucht kompetente und loyale Mitstreiter.

Daraus folgt viertens – und das sei allen Analysten ins Stammbuch geschrieben: Engagierte, fleißige und loyale Mitarbeiter gibt es nur, wenn man deren Sorgen ernst nimmt. Wenn man ihnen also nicht direkt sagt oder unterschwellig suggeriert, im Zuge der Globalisierung hätten sie sich langsam, aber sicher auf das Lohnniveau von Thailand einzustellen.

Fünftens: Erfolg setzt eine Preisdefinition des Produzenten voraus, die von den Kunden ohne Rabatt akzeptiert wird. Diese Preise fallen mit einem schlechten Image zwangsläufig niedriger aus.

Das Image einer Marke oder eines Unternehmens

wird in Zukunft immer stärker an Gewicht gewinnen. Wer gar kein Image hat, ist nur langweilig, und Langeweile ist vor allem eins: tödlich!

Deshalb muss ein Manager auch nicht nur seiner primären Aufgabe gerecht werden, indem er seine Hausaufgaben ordentlich macht und Gewinne erwirtschaftet. Ein Unternehmer hat auch die Pflicht, die Interessen seines Betriebs gegenüber der Gesellschaft deutlich zu machen und genauso mit seinem Unternehmen einen Beitrag zum Gemeinwohl zu leisten – nicht nur als Steuerzahler.

Glaubwürdig nach innen und außen zu sein heißt, soziales Kapital aufzubauen, das sich auf vielfältige Weise wieder in barer Münze auszahlt, wie Porsche seit Jahren immer wieder beweist. Glaubwürdig zu sein heißt aber vor allem auch, dass die hehren Grundsätze nicht nur Lippenbekenntnisse bleiben und in Sonntagsreden laut proklamiert werden, während man sich alltags nicht um sie schert. Glaubwürdigkeit heißt, manchmal zu tun, was andere nicht tun, oder zu lassen, was andere tun. Kurz: die Regeln brechen, wenigstens hin und wieder.

Das haben wir sicher getan, als wir im September 2005 verkündeten, uns am Volkswagen-Konzern zu beteiligen. Porsche größter Aktionär bei VW? Das konnte doch nicht sein, alle Welt hatte schließlich jahrzehntelang das Gegenteil erwartet. Entsprechend konsterniert waren die Reaktionen. Gerade die anglo-amerikanischen Vertreter in der Gilde der Analysten und Finanzinvestoren kritisierten unseren Schritt in einer Weise, die mit rationalen Argumenten häufig nichts mehr zu tun hatte. »Unglaublich« fanden manche unsere Absicht und malten die Rückkehr der Deutschland AG an die Wand wie ein Fanal des Untergangs.[1]

Was hatten wir gemacht? Wir wollten einfach nur unser in den vergangenen Jahren so erfolgreiches Geschäftsmodell absichern. Denn dessen wesentliche Merkmale sind eine geringe Fertigungstiefe in unseren Werken und die Kooperation mit guten Partnern als Systemlieferanten. VW ist schon lange einer der wichtigsten davon, der mit uns vor allem beim Cayenne kooperiert, der immerhin rund ein Drittel unseres Absatzvolumens ausmachte. Die Beteiligung eines Finanzinvestors bei VW, für die es durchaus klare Anzeichen gab, hätte dieses Modell ernsthaft gefährdet.

Aber wir können sehr gut nachvollziehen, dass unser Schritt auf Kritik gerade unter den angelsächsischen Investoren stieß. Denn deren Geschäftsmodell ist ein völlig anderes, und vermutlich haben wir ihnen auch einen schon sicher geglaubten Coup verdorben. Einer, der bei VW schon als Großaktionär engagiert war, der Geschäftsführer des New Yorker Investmenthauses Tweedy Browne, schäumte: »Außer vielleicht China gibt es wohl kein anderes Land in der Welt, wo so etwas passieren könnte.«[2]

Unseren eigenen, etwas außergewöhnlichen Weg sind wir auch gegangen, als wir uns im September 1999 entschieden, ein neues Werk für den Cayenne in Leipzig zu bauen. Damals wurde der Standort Deutschland doch bestenfalls noch als Auslaufmodell wahrgenommen. Zu hohe Löhne, inakzeptable Steuern, zu viel Bürokratie – wer für die Zukunft investieren wollte, der musste das in Osteuropa, China oder anderswo in Asien tun. Wer hat denn damals überhaupt noch an den Produktionsstandort Deutschland geglaubt? Und wer hat uns nicht alles für verrückt erklärt, als wir auch noch auf die uns zustehenden 50 Millionen Euro Subventionen verzichteten?[3] Dass dies keine spektakuläre Einzelaktion war, haben wir im Mai 2006 bewiesen. Da haben wir noch einmal nachgelegt: Im Beisein von Bundesverkehrsminister Wolfgang Tiefensee gaben wir bekannt, dass unsere vierte Baureihe, das viersitzige Sportcoupé Panamera, ebenfalls in Leipzig gebaut wird. Selbstverständlich verzichten wir auch in diesem Fall auf die uns zustehenden 30 Millionen Euro Investitionshilfe.

Porsche marschiert mit diesen Entscheidungen gegen den Trend – aber mit den besten ökonomischen Argumenten! Weil Management eben mehr ist als Kostenmanagement, ist die Rechnung auch ganz einfach. Wenn die Werthaltigkeit eines Standorts sich in den Preisen niederschlägt, die Kunden weltweit zu zahlen bereit sind, dann ist eine solche Handlung sinnvoll. Bei den Produkten von Porsche erwarten die Käufer die Wertmarken »Made in Germany« und »Manufactured by Porsche«.

Der Standort Leipzig bringt dem Unternehmen also Vorteile, sonst hätten wir das Werk nicht dort gebaut. Aber wir schaffen damit auch Arbeitsplätze in einer wirtschaftlich schwachen Region. Soziale Verantwortung und Gewinnorientierung gehen also eine höchst vorteilhafte Symbiose ein und das Unternehmen thesauriert darüber hinaus soziales Kapital durch Glaubwürdigkeit bei den Kunden und in der Öffentlichkeit.

Diese Logik war die Grundlage unserer Entscheidungen, keine regionalen Strukturbeihilfen für das neue Werk in Leipzig zu beantragen. Die Regel ist das sicher nicht. Wenn man Unternehmer oder Politiker einmal fragt, was sie von staatlichen Zuschüssen halten, werden sie in gestelzten Worten erklären, das sei Gift für eine funktionierende, stabile Marktwirtschaft.

Kaum aber sind Mikrofone und Kameras ausgeschaltet, werden die einen sofort Subventionen geben und die anderen sie noch schneller nehmen, wenn sie sich auch nur einen kleinen Vorteil davon versprechen.

Natürlich hätten auch wir das Geld gut gebrauchen können, auf einen zweistelligen Millionenbetrag verzichtet man nicht so einfach. Dennoch lässt sich eindeutig feststellen, dass dem Unternehmen nichts, aber auch gar nichts durch den Verzicht auf die Subventionen in Leipzig entgangen ist. Ganz im Gegenteil: Porsche hat gewonnen, weil das Image des Unternehmens davon profitierte. Image entsteht nicht aus Luftnummern oder leeren Worthülsen, sondern aus Fakten. Wir haben mit unserer Entscheidung soziales Kapital aufgebaut, das ist viel wichtiger. Denn mit guten Imagewerten verdient Porsche gutes Geld, nicht nur in einem Jahr, mit einer Zahlung, sondern auf Dauer.

Dauerhaften Erfolg hat ein Unternehmen nur, wenn es langfristig denkt und handelt. Es geht darum, Visionen zu entwickeln, mit denen sich Kunden, Lieferanten, Mitarbeiter und Aktionäre identifizieren können. Das Management muss Werker, Angestellte, Meister und Führungskräfte geschlossen und loyal hinter sich bringen – und zwar unabhängig von den Schwankungen der Börse. Die einseitige Ausrichtung am Kurszettel ist zu wenig.

Diese Überzeugung hat uns auch geleitet bei unserem Kampf gegen die Quartalsberichte, die uns von der Frankfurter Börse abverlangt wurden. Bezahlt haben wir unsere Weigerung mit dem Rausschmiss aus dem M-Dax, gewonnen haben wir an Renommee und Glaubwürdigkeit.

Beklagt haben die unselige Berichtspflicht viele Manager. Einer der wenigen, die ihre kritische Meinung offen sagten, war Eberhard von Kuenheim, der langjährige Vorstandsvorsitzende von BMW: »Ich wage zu behaupten, dass sich pflichtbewusste Führungskräfte gerade dadurch auszeichnen, dass sie nicht nur von Quartalsbericht zu Quartalsbericht denken, sondern für ihr Unternehmen einen langfristigen, dauerhaften Erfolg anstreben.«[4]

Dagegen vorgegangen sind nur wir. Denn wir lassen uns auf keinen Fall einreden, eine Aktiengesellschaft habe in einer modernen, aufgeklärten Wirtschaft allein nach den Regeln des Kapitalmarkts zu funktionieren. Umgekehrt wird ein Schuh daraus. Wir informieren über Produktentscheidungen, wenn sie gefallen sind, über Investitionsentscheidungen, wenn sie beschlossen sind, und über Geschäftsabläufe, wenn sie nicht durch Sonderfaktoren verfälscht sind. Wir haben langfristige Visionen, die wir realisieren wollen, daran arbeiten wir.

Für uns ist es wichtig, unser Geschäftssystem immer weiter zu perfektionieren. Das besteht aus der Konstruktion von Motoren, dem Biegen und Lackieren von Blech, dem Montieren der Einzelteile zu perfekten Fahrzeugen und der täglichen Suche nach möglichst vielen Menschen, die bereit sind, diese Produkte zu unseren Preisen ohne Rabatt zu kaufen. Solange uns das gut gelingt, brauchen wir auch keine Angst zu haben, dass der Kapitalmarkt uns abstraft.

Ganz im Gegenteil, längst stehe ich mit meiner Meinung nicht mehr allein da, und das lässt für die Aktien- und Unternehmenskultur hoffen. So kommentierte etwa Helmut Maucher, der langjährige Präsident des Schweizer Nahrungsmittelkonzerns Nestlé, die Entwicklung der vergangenen Jahre: »Wir haben Probleme mit der sozialen Marktwirtschaft, wie wir sie gegenwärtig leben. Auf der Unternehmerseite ist die

Marktwirtschaft – besonders durch den angelsächsischen Einfluss – einseitig reduziert worden auf den kurzfristigen Shareholder-Value-Aspekt. Deswegen bin ich überzeugt, dass die Manager sich wieder auf die langfristige und beständige Unternehmensentwicklung konzentrieren müssen.«[5]

Offensichtlich sind wir an einem Punkt des internationalen Wettbewerbs angekommen, an dem jeder Teilnehmer sich krampfhaft an Verhaltensmuster klammert, die ihn – ob unsinnig oder nicht – vor Sanktionen des Markts, der Investoren, der Analysten oder der institutionalisierten Öffentlichkeit durch die Finanzmedien schützen sollen. Es herrscht so etwas wie eine Mikado-Atmosphäre: Jeder glaubt, wer zuerst zuckt, habe schon verloren. Das aber macht kurzatmig, richtungslos, konturlos, opportunistisch. Nicht ganz zu Unrecht charakterisiert der amerikanische Soziologe Richard Sennett Manager als Getriebene, die verzweifelt die Erwartungen nach kurzfristigen Kurssteigerungen erfüllen wollen und deshalb gerade die wichtigen Traditionslinien ihrer Unternehmen einfach kappen.[6]

Natürlich haben wir bei Porsche nicht die Weisheit mit Löffeln gefressen; wir machen auch Fehler, aber ganz offensichtlich gelingt es uns, sie zu begrenzen und erfolgreich zu sein. Wir fragen uns einfach vor jeder Entscheidung, ob sie der langfristigen Sicherung des Unternehmens dient, ob sie die Kunden begeistert, die Mitarbeiter zufrieden stellt und – logisch daraus folgend – die Aktionäre für ihr Engagement ausreichend belohnt.

Unser Geschäftssystem ist ein anderes als das der Banken, Börsen und Analysten. Unser Geschäft ist langfristiger Natur. Wer Automobile baut, braucht einen langen Atem. Eins aber braucht er garantiert

nicht: den gesenkten Daumen von Leuten, die system-
bedingt nur kurzfristig zu denken in der Lage sind –
und deshalb unser Geschäft nicht verstehen können
oder nicht verstehen wollen, da ihre eigenen Geschäfts-
interessen dagegen sprechen. Man braucht sich doch
nur den Scherbenhaufen anzuschauen, der beim Neuen
Markt hinterlassen wurde und der das Vertrauen in
Aktien auf lange Zeit beschädigt hat. Mit vermeintlich
idealen Regeln, kontrolliert von der Börse, sollte genau
das vermieden werden, was für jedermann offensichtlich eingetreten ist: ein fürchterliches Desaster.

Tatsächlich ist es ja nicht so, dass wir uns aus der
Verantwortung gegenüber den Finanzmärkten stehlen
wollen. Ganz im Gegenteil: Transparenz hat bei Porsche einen unbestritten hohen Stellenwert. Wir berichten regelmäßig über unser Geschäft und halten die
Öffentlichkeit mit einer Vielzahl von Pressemeldungen
auf dem Laufenden. Aber Transparenz hört da auf, wo
sie das innerbetriebliche Handeln, die sinnvollen Ent-
scheidungsabläufe entweder stört oder gar verfälscht.
Das ist bei Quartalsberichten eindeutig der Fall.

Nein, wir schwimmen nicht auf jeder Welle mit, nur
weil sie gerade im Trend liegt oder von anderen als
richtig angesehen wird. Wir gehen unseren eigenen
Weg und das heißt manchmal auch, die vermeintlich
für alle geltenden Regeln zu brechen und sich von
ihnen zu befreien. Nicht weil wir alles besser wissen,
sondern weil wir deutlich machen wollen, dass es im
Wirtschaftsleben nicht nur eine Wahrheit gibt. Eine
Wettbewerbsgesellschaft lebt davon, dass Große und
Kleine, Gründer und Traditionsreiche, Moderne und
Klassiker ihren Platz haben.

Porsche lebt langfristig von etwas sehr Grundsätz-
lichem: von Glaubwürdigkeit und Vertrauen. Gerade in

stürmischen Zeiten, in denen jeder versucht, sein Bild in der Öffentlichkeit schönzumalen, um die Börse unablässig mit Erfolgsgeschichten zu füttern, gewinnen solche Werte an Gewicht, die in der kommerziellen Praxis zunehmend bedeutungsloser werden. Wir wissen, dass unser Erfolg dauerhaft nur auf dem Fundament Verlässlichkeit eine feste Grundlage hat.

Die Realität liefert uns regelmäßig die Beweise. Wie anders ist es zu verstehen, dass aus dem einstigen Pleitekandidaten, dem weidwunden Übernahmeobjekt, binnen weniger Jahre der profitabelste Autohersteller der Welt geworden ist? Ein David, der den Goliaths seiner Branche erfolgreich Paroli bietet? Ein Unternehmen, das seinen Aktionären hohe Wertzuwächse und Dividenden beschert, den Mitarbeitern wieder sichere Arbeitsplätze und regelmäßige Sonderzahlungen und der Gesellschaft ansehnliche Steuerzahlungen? Eine Firma, die ihre Rücklagen für schlechte Zeiten dotiert und genug Geld für Investitionen in neue und hochklassige Fahrzeuge verdient, um damit ihre Zukunft zu sichern?

Bestärkt fühlen wir uns bei Porsche aber auch durch die vielen Ehrungen und Auszeichnungen, die wir inzwischen fast regelmäßig erhalten. Wie anders als eine großartige Bestätigung unserer Haltung sollen wir es verstehen, wenn Porsche nur wenige Wochen, nachdem die Börse in Frankfurt die Aktie aus dem M-Dax warf, von international renommierten Zeitungen den ersten Preis für »Best Communication of Shareholder Value« unter den mittelgroßen Aktiengesellschaften erhielt? Die Auszeichnung basierte auf dem Votum von 630 institutionellen Investoren und Analysten in Europa.[7]

Mittlerweile kamen etliche Trophäen hinzu, die uns mit großem Stolz erfüllen. So gelang uns 2004 erstmals der Sprung unter die 100 wertvollsten Marken der Welt und ebenfalls erstmals bekamen wir den begehrten Deutschen Marketingpreis. Der Deutsche Markenverband, der den Preis vergibt, würdigte unsere anhaltend hohe Markensympathie, die wir als Hersteller exklusiver Produkte im ständigen Bemühen um eine breite soziale Akzeptanz festigten.

Schließlich wurde Porsche 2006 bereits zum vierten Mal hintereinander als Unternehmen mit dem besten Image in Deutschland ausgezeichnet. Dabei werden 2500 Führungskräfte in Deutschland vom *Manager Magazin* um ihr Votum gebeten. Diese Trophäe haben wir trotz unseres bisweilen belächelten Querdenkens, trotz unserer doch nur bescheidenen Mittel im Kampf gegen die Goliaths gewonnen.

Dies alles ist gewiss nicht der Versuch einer eitlen Selbstdarstellung, das wäre das Letzte, was wir im Sinn haben. Davor schützt uns die schwäbische Mentalität und vor allem aber die Erinnerung an unsere existenzielle Krise, die noch immer unser Bewusstsein entscheidend prägt. Die Preise und Auszeichnungen erfüllen uns aber mit Stolz und wir verstehen sie als Bestätigung unserer Position. Sie machen deutlich, wo wir gesellschaftlich stehen. Porsche genießt ein Maß an Vertrauen, das für einen Automobilhersteller im Allgemeinen und einen kleinen Sportwagenbauer im Besonderen außergewöhnlich ist – und zwar in der Öffentlichkeit, bei den Kunden, in der Politik und sicher auch an den Finanzmärkten.

Die Reaktionen auf unser Verhalten zeigen ganz deutlich, dass Unternehmen, die den Mut haben, anders zu sein, gegen den Widerstand herrschender Managementtrends ihren eigenen aufrechten Gang beizubehalten, vom Publikum belohnt werden. Damit lässt sich manche Anfeindung aus den Reihen der Wirtschaft und die Stigmatisierung als Nestbeschmutzer leichter ertragen. Denn natürlich ecken wir mit unserer unverblümten Art an. Hinter den Kulissen der Wirtschaftsfassaden, hinter vorgehaltener Hand, werden uns immer wieder Vorwürfe gemacht, dass wir Fehlentwicklungen laut und öffentlich thematisierten. Wir verletzten den Comment, heißt es da. Aber ich kann das nicht verstehen, denn zur Verantwortung eines Unternehmers gehört es auch, Fehlentwicklungen beim Namen zu nennen. Wir erklären uns die Reaktionen deshalb mit dem amerikanischen Schriftsteller Truman Capote, der einmal sagte: »Erfolg ist so ziemlich das Letzte, was einem verziehen wird.«

Angesichts solch widersprüchlicher Reaktionen stellt sich jedoch die Frage: Wenn ein Luxushersteller in Deutschland – in der angeblichen Neidgesellschaft! – zum Unternehmen mit dem besten Image gekürt wird, was muss sich da in den Köpfen der Menschen abgespielt haben? Welche unergründete Sehnsucht muss die Menschen erfasst haben?

Die Antwort ist ganz einfach, und sie hat mit Sicherheit etwas mit Glaubwürdigkeit zu tun. Wir haben neben dem Geldkapital in der Bilanz einen guten Grundstock an sozialem Kapital aufgebaut. Wir haben dieses Image geformt, weil wir uns immer wieder dem gängigen Strom entzogen, den allgemeinen Regeln widersetzt haben und weil deutlich geworden ist, dass dies nicht vordergründiger Effekthascherei und billiger Suche nach Aufmerksamkeit und Schlagzeilen entsprang, sondern Überzeugung und Geradlinigkeit.

Images entstehen nicht aus Luftnummern, sondern aus Fakten. Man kann nicht nur aus der Reihe tanzen, sondern man muss erst einmal ordentlich arbeiten. Die

Produktion muss genauso stimmen wie der Vertrieb. Es reicht auch nicht, dem Kunden nur in der Marktforschung zu begegnen und ihn ansonsten auf Distanz zu halten. Nein, die Marke muss das liefern, was sie über viele Jahre versprochen hat. Nur so entsteht Vertrauen.

Wirtschaft ist ein sozialer Prozess, der auf kulturelle, gesellschaftliche und institutionelle Bedingungen angewiesen ist. Kunden wollen nicht nur die Marke als Gütesiegel ihres Vertrauens, sie suchen auch nach Identität – vielleicht kann man sogar »Heimat« dazu sagen. In jedem Fall ist es ein Bewusstsein, in dem sich der Kunde, der Mitarbeiter und der Geschäftspartner wiederfinden.

Die Menschen suchen umso mehr nach Orientierung und nach Sicherheit, je komplizierter und komplexer die Welt wird. Je weniger jeder Einzelne sich seiner Situation gewiss sein kann. Wenn sich die Welt immer schneller ändert, wenn Globalisierung, internationaler Handel und Arbeitsteilung nur noch Stichworte für drohende Verschlechterungen sind und weder Einkommen noch Arbeitsplatz noch Rente sicher sind, dann suchen die Menschen zu Recht nach Vorbildern. Dann suchen sie nach jemandem, der ihnen die Wahrheit sagt, dem sie glauben und vertrauen. Dann genügt anscheinend schon eine kleine Abweichung vom gängigen Pfad, um dieses Tun als Erfolgsrezept zu definieren, selbst wenn offenkundig ist, dass wir bei Porsche nicht alles anders machen.

Der Grund dafür ist klar: Es gehört schon lange nicht mehr zu den herausragenden Stärken von Wirtschaftsführern, aber auch Politikern, einen guten Ruf allein durch klares Handeln und Vorbildcharakter zu erwerben. Die Bürger empfinden es ganz anders. In der Wirtschaft werde zurzeit »gelogen, als gehöre dies zum

Pflichtenkatalog eines Unternehmers«, schrieb ein führender deutscher Wirtschaftsjournalist.

Wo bleibt da das Vorbild, wo die Absicht, den verunsicherten Menschen Perspektiven zu zeigen? Wie vermitteln wir denn eine frohe Botschaft, wenn wir hierzulande alles schlecht reden? Wenn Chinesen und Osteuropäer billiger sind, Japaner und Amerikaner alles besser können und das einzig greifbare Ergebnis von Fusionen nur der Verlust von Arbeitplätzen ist?

Dass dies nur Angst und Unsicherheit bei den Menschen erzeugt, kann ich gut verstehen. Denn wer ist denn in Wahrheit schon so mobil, dass er heute in Deutschland, morgen in den USA und übermorgen in Singapur sein Geld verdienen kann? Dass auch viele richtige und unabdingbare Unternehmensentscheidungen von den Menschen nicht als segensreich akzeptiert werden, ist nur verständlich. Aber wer sagt ihnen die Wahrheit, wer erklärt die Entscheidungen, wer zeigt ihnen die Wege in die Zukunft?

Die Frage richtet sich natürlich genauso an die Politiker. Auch die lavieren, produzieren sich in Talkshows, die allem Möglichen dienen, aber mit Sicherheit nicht der Aufklärung. Wer spricht denn offen aus, dass es eine Vollbeschäftigung im klassischen Sinne nicht mehr geben wird? Wer traut sich denn an eine grundlegende Reform der sozialen Sicherungssysteme? Wer sagt den Bürgern, dass der Staat längst überfordert ist und viele Risiken in Zukunft nicht mehr absichern kann?

Sicher hatten wir es in Deutschland in den vergangenen Jahren auch mit einer historisch extrem schwierigen wirtschaftlichen Situation zu tun. Es wäre unredlich, die tiefen Verwerfungen durch die Wiedervereinigung zu verschweigen. Doch das allein erklärt die Situation nicht. Hinzu kommt die durchgängige

Mutlosigkeit, den Bürgern (und damit den Wählern) die Konsequenzen der unausweichlichen demographischen und damit wirtschaftlichen und gesellschaftlichen Entwicklung vor Augen zu führen. Wer Angst vor dem Wähler hat, drückt sich vor der Wahrheit. Wir haben schließlich kein Erkenntnisdefizit, sondern einen Mangel an Umsetzung. Ich werde darauf im 5. Kapitel noch näher eingehen.

Das gilt nicht nur auf dem Arbeitsmarkt oder in den Sozialversicherungen. Es gilt genauso für das Bildungssystem oder die Prozesse der politischen Entscheidungsfindung. Nicht erst seit der berühmten Pisa-Studie ist klar, dass an den Schulen und Hochschulen in Deutschland einiges im Argen liegt. Der Fachkräftemangel ist längst zu einer ganz wesentlichen Wachstumsbremse für die deutsche Wirtschaft geworden.

Und schließlich muss man sich angesichts des Umsetzungsdefizits und mancher politischer Prozesse in Berlin in den vergangenen Jahren die Frage stellen, wer eigentlich dieses Land regiert. Das föderale System hatte sicherlich seine Berechtigung nach dem Krieg, weil es politischen Machtmissbrauch in der jungen Republik fast unmöglich machte. Doch es wird zum Teil des Problems, wenn fast jede Entscheidung des Bundestags im Bundesrat blockiert oder verwässert werden kann. Warum müssen eigentlich die Länder bei der Bundesgesetzgebung immer mitmischen? Die Abgeordneten des Bundestags sind doch frei gewählte Vertreter des ganzen Volkes.

Vertrauen und Glaubwürdigkeit entstehen so nicht in der Bevölkerung. Ganz im Gegenteil, es verfestigt sich immer stärker der Eindruck, man erfahre nicht die ganze Wahrheit, es sei alles viel schlimmer und werde immer noch desaströser. Dabei kann es wahrlich nicht Aufgabe der Politik sein, den Eindruck entstehen zu lassen oder gar noch zu fördern, dass alles nur schlechter werde und künftig nur noch der Mangel verteilt werden könne.

Aber in Zeiten, in denen die Bürger in Deutschland scheibchenweise mit neuen Hiobsbotschaften über schmerzhafte Einschnitte im Sozialsystem konfrontiert werden, ist auch die Wirtschaft in der Pflicht, Ideen und Konzepte auf den Tisch zu legen, wie wir langfristig nach vorne kommen können. Dies ist nicht zuletzt eine Frage von Glaubwürdigkeit und Integrität, von einem möglichen Imagegewinn ganz zu schweigen.

Nein, es kommt darauf an, nicht immer nur zu kritisieren, zu fordern und schlecht zu reden, sondern zu handeln. Wir sollten durch unser tägliches Handeln glaubwürdig deutlich machen, dass wir als Industrie einen konstruktiven Beitrag dazu leisten wollen, Deutschland wieder ganz nach vorn zu bringen. Die Eliten des Landes in Wirtschaft und Politik haben eine besondere Verantwortung. Sie müssen vorangehen und den Weg weisen. So, wie wir bei Porsche das damals in der tiefsten Krise des Unternehmens getan haben. Wir haben die Beschäftigten, die Aktionäre und die Öffentlichkeit ehrlich und offen informiert und wir haben einschneidende Entscheidungen getroffen. Wir haben damit Glaubwürdigkeit aufgebaut.

Nur so war es möglich, den Menschen wieder eine Perspektive zu geben und sie zu motivieren: die Beschäftigten im Betrieb, die das eigentliche Kapital sind, und die Kunden, die unsere Luxusprodukte zu Luxuspreisen kaufen sollen, ohne dabei soziale Nachteile befürchten zu müssen. Und wir sind glaubwürdig geblieben, weil wir uns treu geblieben sind, weil wir gesagt und getan haben, was uns richtig erschien. Und dafür haben wir hin und wieder auch gegen gesellschaftliche Regeln verstoßen.

Wir haben eine langfristige Vision und die setzen wir konsequent um: Wir wollen unabhängig sein und unseren eigenen Weg gehen. Deshalb haben wir uns auch gegen jede herrschende Regel am VW-Konzern beteiligt – üblich wäre der umgekehrte Fall gewesen. Doch wie bereits erwähnt ist VW heute ein wichtiger Kooperationspartner für Porsche, nicht nur bei dem sportlichen Geländewagen Cayenne, sondern auch in vielen anderen Bereichen. Und ganz nebenbei ist das Engagement auch noch profitabel, so wie es immer bei Porsche ist.

So wie in diesem Fall und in etlichen anderen, die ich hier geschildert habe, wird Porsche unbeirrt von allen modischen Trends im weltweiten Wirtschaftsgeschehen immer seinen eigenen Weg gehen. Das ist nach unserem Verständnis die pure Notwendigkeit für langfristigen und nachhaltigen wirtschaftlichen Erfolg. Wir wollen gutes Geld verdienen, um damit unsere Existenz auf Dauer zu sichern, und wir wollen mutig, aber auch verantwortungsbewusst das Geschäft so ausweiten, dass unsere Mitarbeiter sichere Arbeitsplätze haben und unsere Aktionäre eine ordentliche Verzinsung ihres eingesetzten Kapitals erhalten.

Wir wissen, wie wichtig für den Erfolg das soziale Kapital ist – also das Vertrauen der Kunden und ein intaktes soziales Umfeld, auf das wir bauen können. In einer Welt, in der das Finanzkapital auf den internationalen Märkten global verfügbar ist, brauchen Unternehmen mehr denn je soziale Kompetenz und Vertrauen. Wer sich das geschaffen hat, wird im regionalen und globalen Konkurrenzkampf die besseren Karten haben.

Zocker
und
Zyniker

oder:
Die deutschen
Manager und ihr
schlechtes Image

Der traditionsreiche Verein der Kaufmannschaft in Münster/Westfalen hat seinen Sitz im alten Zunftsaal des Krameramtshauses. Wenn die Mitglieder dort tagen, haben sie noch heute ein altehrwürdiges Motto vor Augen, das in großen Lettern auf goldgelbem Grund an die Wand geschrieben ist. »Ehr is Dwang gnog« steht dort, »Ehre ist Zwang genug«. So lautete einmal das Credo der Kramergilde zu Münster.

Man kann es kaum glauben, aber es ist wohl so: Damals reichte ein einziger Satz, eine Selbstverpflichtung zur ehrbaren Abwicklung der Geschäfte, um die Beziehungen der Kaufleute untereinander und mit ihren Kunden zu regeln. Der Überlieferung nach ist es tatsächlich so gewesen, dass ein bloßer Handschlag genügte, um ein mündlich vereinbartes Geschäft zu besiegeln und zur Zufriedenheit der beteiligten Partner abzuwickeln.

Ehre wurde damals noch groß geschrieben: Es gab den ehrbaren Handwerker, den ehrbaren Kaufmann und den ehrbaren Bürger. Und wer gegen die Standesehre grob verstieß, der konnte seinen Laden dichtmachen und brauchte sich in der Stadt nicht mehr sehen zu lassen. Angesichts der Flut von Gesetzen, die heute das unternehmerische Handeln bestimmen, kann man das gar nicht glauben.

Die Ehre scheint auf Dauer nicht genug Zwang gewesen zu sein, sonst gäbe es heute nicht so dicke Gesetzbücher, die fast jedes Detail regeln. Die Frage ist nur, war es der Verfall der guten Sitten, der den Staat dazu gebracht hat, sich mit Gesetzen und Verordnungen in jede Geschäftsbeziehung einzumischen, um Unternehmern und Kunden Sicherheit zu geben? Oder hat der Staat gar mit seiner ungezügelten Regelungswut das ehrbare Handeln durch juristische Spitzfindigkeiten verdrängt?

Wie auch immer, mehr als Reminiszenzen an heute völlig wirklichkeitsfremde Usancen sind solche Erinnerungen an die Zeit der ehrbaren Kaufleute sicher nicht. Wer heute ein Geschäft unter vier Augen per Handschlag abschließt, wird wohl in der Regel über den Tisch gezogen, wahrscheinlich aber von vornherein gar nicht ernst genommen. Und jedes Gericht würde einem so Handelnden fahrlässige Gutgläubigkeit vorwerfen, möglicherweise sogar mangelnde Zurechnungsfähigkeit.

Vom ehrbaren Kaufmann ist heute nirgends mehr die Rede. Ganz im Gegenteil, die Elite der Wirtschaft steht öffentlich am Pranger. »Verheerend sind die Auswirkungen in Deutschland, wo Unternehmen und Unternehmer nicht nur diffamiert werden, sondern sich nicht selten auf der untersten Skala im Wertesystem der Gesellschaft wiederfinden. Üppige Managergehälter, Entlassungen trotz hoher Gewinne, Bilanzfälschungen, Ichbezogenheit, Verantwortungsmangel gegenüber der Gesellschaft, Dünkel, Verschlossenheit und so weiter sind die Merkmale, die zumeist zu Unrecht das ethische Bild des Unternehmers kennzeichnen«, schrieb die *Frankfurter Allgemeine Zeitung*.[1]

Wenn man die vergangenen Jahre noch einmal Revue passieren lässt und die vielen Skandale in der Wirtschaft, ob in den USA, in Europa oder Deutschland, dann ist es nicht ganz abwegig, wenn die Menschen zu dem Schluss kommen: Geld, egal ob ehrlich verdient, ob aus ominösen Koffern oder von schwarzen Konten, ist der alleinige Maßstab jeglichen Handelns geworden. »Der schnelle Deal, das krumme Geschäft, der große Reibach – auf allen Ebenen des Wirtschaftssystems wird gelogen und betrogen wie nie zuvor. Längst herrscht die Devise: Jeder nimmt, was er kriegen kann, und behält, was er geben sollte«, so stellte ein deutscher Verlag das Buch seines Erfolgsautoren vor, dessen Untertitel lautete: »Überleben in der Betrüger-Wirtschaft«.[2]

Auch wenn das ein wenig nach reißerischer Schlagzeile klingen mag, solche Urteile treffen auf breite Zustimmung in der Bevölkerung. Profit ist ganz ohne Zweifel existenznotwendig in der kapitalistischen Gesellschaft, aber – und darauf kommt es an – Profit ist nicht alles! Es muss auch andere Orientierungsparameter geben. Schlimm ist ja nicht die Profitabsicht, schlimm und rufschädigend ist der Zynismus, der mit ihr immer öfter einhergeht.

Oder wie anders soll man es nennen, wenn Unternehmen einer reifen Industrie gutes Geld verdienen, ganz selbstverständlich Subventionen fordern und gleichzeitig zur eigenen Erbauung Formel-1-Engagements, Luxushotels oder Flugzeugflotten finanzieren, für die es vielleicht in jedem Einzelfall gute Gründe geben mag, aber bestimmt nicht, wenn einem der Staat an anderer Stelle unter die Arme greifen soll.

Der Zynismus setzte sich fort in den vielen Skandalen der so genannten New Economy, als auch kleinen

Anlegern das Geld mit skrupellosen Luftnummern aus der Tasche gezogen wurde. Und er zeigt sich schließlich auch, wenn Manager vor Gericht stehen, weil sie bei der feindlichen Übernahme ihres Unternehmens Millionenbeträge einstreichen, oder wenn die Chefs traditionsreicher deutscher Firmen in einem Atemzug öffentlich Rekordgewinne verkünden und den Abbau tausender Arbeitsplätze.

So wird täglich aufs Neue der Eindruck verstärkt, dass die Bürger von den Führungskräften gar nichts erwarten können – außer Tricksereien und Durchstechereien. Nach den »goldenen 90er Jahren«, die eine außergewöhnliche Euphorie über einen schier endlos erscheinenden Wirtschaftsboom entfachten, in denen sich ausgerechnet in Deutschland »ein Volk von lauter Aktionären« zu etablieren schien, hat sich inzwischen große Ernüchterung breit gemacht.

Es gibt ein Bonmot des 2006 verstorbenen amerikanischen Ökonomen und Nobelpreisträgers Kenneth Galbraith. Um die Euphorie während des Booms in den 20er Jahren des 19. Jahrhunderts zu illustrieren, schrieb er, die Amerikaner hätten geglaubt, der liebe Gott wolle sie alle reich machen. Drei Generationen später, in den 90er Jahren, schien der Glaube tatsächlich noch in Erfüllung zu gehen. Die Börsen boomten, jeder konnte mit Aktien ein Vermögen machen, eine unendliche Phase grenzenloser Prosperität schien selbstverständlich. Doch es endete wie damals in den 20er Jahren. Inzwischen glauben nicht nur die Amerikaner, die Manager wollten sie alle arm machen.

Geradezu unglaubliche Szenen wurden während des Bilanzskandals des Energiekonzerns Enron aus New York berichtet. Als damals ein bekannter Mafiaboss starb, schrieben die Boulevardzeitungen über ihn, als sei ein Volksheld gegangen. Der Chefkolumnist eines Blattes urteilte, im Gegensatz zu den Feiglingen von Enron habe die Mafia wenigstens die Finger von den Brieftaschen der Normalbürger gelassen. Damit brachte er die Stimmung auf den Punkt: Im Vergleich zu den Milliardenschwindlern, die große Unternehmen ruinieren und Angestellten wie Pensionären die Existenzgrundlage entziehen, erscheint ein Gangsterboss wie ein Held der Arbeit.

Solche Erscheinungen zeigen ganz deutlich: Der Kapitalismus, die Wirtschaftsform, die nicht nur den Amerikanern, sondern auch uns Europäern großen Wohlstand beschert hat, steckt in einer heftigen Krise. Und wir, die Manager, sind daran bestimmt nicht ganz unschuldig. Bilanzmanipulationen, Insidergeschäfte, Megafusionen, Raffgier, Eitelkeit und Egoismus haben die Wirtschaft und ihr Führungspersonal in Verruf gebracht wie selten zuvor. Buchhaltung, das mussten wir zwischenzeitig feststellen, ist gar nicht so staubtrocken, wie man immer geglaubt hatte, sondern ein höchst kreatives Metier.

Der ehemalige Bundeskanzler Helmut Schmidt prägte den Begriff vom Raubtierkapitalismus. Und im Bundestagswahlkampf 2005 klagte der damalige SPD-Vorsitzende Franz Müntefering über »Heuschrecken«, die über die Wirtschaft herfallen, alles kahl fressen und weiterziehen. Es sind nicht mehr nur irgendwelche Außenseiter, die sich als notorische Kritiker des Kapitalismus hervortun. Gestandene Manager wie der Chef der Investmentfirma Goldman Sachs und etablierte Medien wie das *Wall Street Journal* sprechen vom »Watergate der amerikanischen Wirtschaft« oder vom »Versagen des Systems«. So radikal wie jetzt hat sich die Stimmung seit der Weltwirtschaftskrise in den 20er und 30er Jahren nicht mehr gewandelt.

Plötzlich sind auch wieder Filmfiguren im öffentlichen Bewusstsein wie Gordon Gekko, der Aktienjongleur, den der Schauspieler Michael Douglas in dem erfolgreichen Hollywood-Streifen *Wall Street* 1987 spielte. Hemdsärmlig und mit breiten Hosenträgern saß der in seinem New Yorker Büro und verscherbelte Unternehmen. Einer aufgebrachten Schar von Aktionären, deren Firma er gerade in den Konkurs geschickt hatte, erklärte er, kalt bis ans Herz: Gier ist gut. Vorbild für die Filmfigur waren Investoren wie Carl Icahn, der an der Börse unterbewertete Firmen auf Kredit kauft und sie dann in Einzelteile zerlegt wieder mit Profit verkauft. Im Februar 2006 scheiterte er mit seinem Versuch, den traditionsreichen amerikanischen Medienkonzern Time Warner auf diese Weise zu zerschlagen. Das Filmzitat »Wenn du einen Freund brauchst, kauf dir einen Hund« soll Icahn angeblich zu einem Mitarbeiter einer von ihm übernommenen Fluggesellschaft gesagt haben.

Mittlerweile haben sich die Verhältnisse zugespitzt: Heuschrecken wie Gekko sind nicht mehr nur die hässliche Ausnahme im Film. Hinzu kommen weitere, weithin bekannte Signalwörter für den unvergleichlichen Vertrauensverlust und damit den Niedergang der Wirtschaft und ihres Führungspersonals: Enron, Worldcom, Parmalat, Comroad, Flowtex und EM.TV, aber auch Holzmann oder Berliner Bankgesellschaft. Kein Jahr nach den katastrophalen Anschlägen des 11. September 2001, die Wirtschaft und Gesellschaft in den USA aufs Schwerste trafen, stürzte die Wirtschaft durch eigene Schuld weiter in den Abgrund.

Es verging kaum eine Woche ohne einen neuen Bilanzskandal. Umsätze wurden künstlich aufgebläht, statt Gewinnen tauchten plötzlich Verluste in den

Bilanzen auf, Wirtschaftsprüfer frisierten Testate, Konzernchefs wirtschafteten in die eigene Tasche – an krimineller Energie herrschte in etlichen Firmen offenbar kein Mangel. Und es war keineswegs nur ein Phänomen im weit entfernten Amerika.

Verheerend waren auch die Auswirkungen auf das Bild von Unternehmen und Managern in Deutschland. Akzeptanz und Reputation nahmen gerade zur Jahrtausendwende dramatisch ab, Manager finden sich meist auf den unteren Rängen in der Werteskala der Gesellschaft wieder, häufig nur noch unterboten von den Politikern, deren Ansehen noch schlechter ist.

Enron brachte den Stein ins Rollen. Der Energiehändler war 1985 durch die Fusion von zwei Energieunternehmen entstanden und hatte sich im Lauf der Jahre zu einem der größten Erdgashändler in Nordamerika und Großbritannien entwickelt. Während des Börsenbooms stiegen seine Aktien immer höher. Ein erstes Warnsignal wurde in der damals herrschenden Euphorie glatt übersehen, als ein neuer Chef, der im August 2000 angetreten war, schon wenige Monate später freiwillig wieder abtrat. Im August 2001 meldete Enron zum ersten Mal einen Quartalsverlust und entfachte damit das Misstrauen von Anlegern und Börsenaufsicht. Im November musste das Unternehmen eingestehen, die Bilanzen seit 1997 frisiert und die Gewinne künstlich aufgebläht zu haben. In Wahrheit standen in der Bilanz 22 Milliarden Dollar Schulden. Zu dem Zeitpunkt war das der größte Konkurs Amerikas.

Doch in den darauf folgenden Monaten wurde der Enron-Skandal in unschöner Regelmäßigkeit übertroffen. Schon im Sommer 2002 schockte der Telefonkonzern Worldcom Börsen und Gesellschaft. Unternehmenschef Bernard Ebbers hatte die von ihm 1983 gegründete Telefongesellschaft durch mehr als 60 Zukäufe innerhalb von 19 Jahren zum zweitgrößten Telekomkonzern der Vereinigten Staaten mit einem Umsatz von mehr als 35 Milliarden Dollar gemacht. Dennoch konnte er die von Analysten prognostizierten Wachstumsraten nicht erreichen. Um einen Kurseinbruch zu verhindern, frisierte er die Bücher, bis er schließlich einräumen musste, 3,8 Milliarden Dollar falsch verbucht zu haben.

Später geriet der zweitgrößte amerikanische Mischkonzern Tyco in die Schlagzeilen. Tyco-Chef Dennis Kozlowski musste sich im Sommer 2002 vor einem Gericht wegen Steuerhinterziehung von einer Million Dollar beim privaten Kauf von Kunstwerken verantworten. Dabei war der Manager selbst für amerikanische Verhältnisse ein hoch bezahlter Mann, kassierte er doch in den vier Jahren zuvor rund 326 Millionen Dollar. Tyco hatte er in zehn Jahren mit 120 Akquisitionen im Wert von 60 Milliarden Dollar zu einem Weltkonzern geformt.

Und so ging es Schlag auf Schlag weiter. Sogar Institutionen des Kapitalismus wie General Electric oder IBM kamen ins Gerede. Mehr als 150 Firmen in den USA mussten auf dem Höhepunkt der Skandale zugeben, dass ihre Bilanzen manipuliert waren.

Der Schaden beschränkte sich nicht nur auf Mitarbeiter und Aktionäre, obwohl der allein in die Milliarden ging. So verloren die Worldcom-Rentner durch den Absturz der Aktie auf einen Schlag 1,1 Milliarden Dollar.[3] Die auf einem vorher nicht gekannten Niveau verübten Bilanzbetrügereien sorgten für Schockwellen an den Finanzmärkten rund um die Welt und beschädigten das Vertrauen von Anlegern und Bürgern aufs Nachhaltigste.

Entsprechend drakonisch waren die Strafen, die amerikanische Gerichte etwa gegen Worldcom-Chef Ebbers verhängten, der 25 Jahre hinter Gitter muss. Damit wurde in der amerikanischen Rechtsprechung eine neue Dimension eröffnet, denn jahrzehntelange Inhaftierungen gab es bis dahin in der Regel nur für Gewaltverbrecher, Wirtschaftskriminelle kamen meistens glimpflich davon.

Aber nicht nur in den USA wurden Bilanzfälscher hinter Gitter geschickt. In Italien schockte der Zusammenbruch des Molkereikonzerns Parmalat die Öffentlichkeit. Der Zentralbankgouverneur berichtete vor dem Parlament, rund 85 000 Familien seien von dem Verlust des Arbeitsplatzes oder ihres Vermögens betroffen.[4]

Auch in Deutschland mussten sich Staatsanwälte und Gerichte mit ähnlichen Fällen beschäftigen. Die Stichworte dafür sind »New Economy« und »Neuer Markt«. Es herrschte eine Stimmung, die alle ehernen Regeln der Wirtschaft außer Kraft zu setzen schien. Geld musste man nicht mehr mit harter Arbeit verdienen, sondern konnte es an der Börse mit ein paar leichten Spekulationsgeschäften scheffeln. Die Zukunft von Unternehmen hing nicht mehr von guten Produkten und teueren Investitionen ab, sondern von einer fantastischen »Story«, die auf möglichst glänzendem Papier gedruckt war. Und natürlich produzierte keiner mehr Waren aus handfesten Rohstoffen und verkaufte sie in richtigen Geschäften, sondern wer die Zeichen der Zeit erkannt hatte, der betrieb sein virtuelles Geschäft im Internet.

Entsprechend fielen die Schlagzeilen mit den großen Buchstaben in der Boulevardpresse aus: »Ab Montag wieder fette Gewinne! 10 000 Mark Monatsrente – mit

Aktien kann es klappen!« Erreichen konnte man das mit den todsicheren Tipps der Top-Experten, im Volksmund Analysten genannt. Einer nannte öffentlich die drei entscheidenden Regeln für erfolgreiche Börsianer. Die erste und wichtigste: »Die richtigen Aktien kaufen.«

Als Unternehmer musste man sich fragen, ob man nicht seinen Beruf verfehlt hatte, wenn man nicht täglich irgendwelchen Mega-Mergers hinterherrannte. Die so genannte Deutschland AG, also das, was die Wirtschaft des Landes stark und ihren unvergleichlichen Wiederaufstieg nach dem Krieg möglich gemacht hatte, war sowieso zum Abbruch freigegeben. Die reihenweise Übernahme hiesiger Firmen war im Sinn der neuen, supermodernen Managementtheorien ohnehin ausgemachte Sache. Der Aufsichtsrat war als Kontrollgremium hoffnungslos veraltet und die soziale Verantwortung des Unternehmens ein alter Zopf, der gar nicht schnell genug abgeschnitten werden konnte.

Die Folgen der kollektiven Paranoia sind noch heute zu spüren, im Guten wie im Schlechten. Gut ist, dass sich wieder die Erkenntnis durchgesetzt hat, Erfolg habe etwas mit harter Arbeit zu tun und sei nicht nur das Ergebnis irgendwelcher windiger Geschichten. Das muss man als jemand, der sich nie in solchen Luftschlössern bewegt hat, ohne Schadenfreude feststellen, denn der angerichtete Schaden war immens. Es wurden Werte vernichtet, Existenzen zerstört. Vor allem wurde Wirtschaft und Unternehmern ein Imageschaden zugefügt, an dem die Führungskräfte der Wirtschaft noch lange zu tragen haben werden.

Die Bilanz des 1997 gegründeten Neuen Markts, des Börsensegments für die Unternehmen der neuen, schicken Wirtschaftswelt, ist verheerend. Als der Ne-

max All Share, der Index dieses Börsensegments, im
März 2000 seinen höchsten Stand erreichte, waren
dort 229 Firmen gelistet mit einem Wert von rund
234 Milliarden Euro. Allein im Jahr zuvor hatten
132 Neulinge die Chance genutzt, in der allgemeinen
Euphorie mal schnell ein paar Millionen von den Anlegern abzugreifen. Das alles geschah mit Hilfe der
Banken und unter Aufsicht der Deutschen Börse, die
das Segment nur drei Jahre später endgültig schloss.
Während des in der deutschen Wirtschaftsgeschichte
wohl einmaligen Siechtums dieses einstigen Symbols
einer vermeintlich glorreichen ökonomischen Zukunft
wurden rund 200 Milliarden Euro vernichtet.[5]

Wobei vernichtet die falsche Vokabel ist, denn das
Geld verschwindet ja nicht, es geht an der Börse nur in
andere Hände über. Zum Beispiel in die der Haffa-
Brüder, die mit ihrem Medienkonzern EM.TV ein
immer größeres Rad drehten. Als das Unternehmen zu
den Stars am Neuen Markt gehörte, hielten sie regelmäßig Hof auf ihrer Yacht in den einschlägigen Häfen
des Mittelmeers. Nach Bilanzskandal und Verlusten in
Milliardenhöhe mussten sie sich in einem Betrugs-
prozess vor dem Landgericht München verantworten.
Das Unternehmen überlebte, weil Gläubiger und Aktionäre einer Umschuldung mit hohen Vermögensver-
lusten zustimmten.

In ihrem mondänen, durchweg auch arroganten
Auftreten boten die Haffa-Brüder das Zerrbild des
modernen Kapitalisten, willkommenes Anschauungsmaterial für Kritiker des Systems. Sie waren ein Extrem-
fall, die Ausnahme waren sie nicht.

Dem Comroad-Gründer Bodo Schnabel wurde etwa
zur Last gelegt, über mehrere Jahre seinen Umsatz zum
größten Teil frei erfunden zu haben. Vor Gericht

musste er einräumen, nur rund anderthalb Prozent des Umsatzes von knapp 94 Millionen Euro für 2001 belegen zu können. Mit falschen Mitteilungen trieb Schnabel aber den Kurs in die Höhe und kassierte durch Aktienverkäufe rund 27 Millionen Euro.[6]

Der Münchner Fondsmanager Gottfried Heller, langjähriger Weggefährte des legendären Börsengurus André Kostolany, bilanzierte das Desaster so: »Was bei den IPOs (Initial Public Offer = Börsengang) abgelaufen ist, hatte zum Teil schon kriminellen Charakter. Es wurden – eigens für den Börsengang – dubiose Firmen gegründet, die dann durch einen Werbe-Overkill promoted wurden. Anschließend verhökerte man einen Teil des Unternehmens an die unbedarften Kleinanleger, und alle haben gut verdient: die Gründer, die Emissionsbanken, die beteiligten Analysten und so genannte Börsenjournalisten, die vorab großzügig beteiligt worden waren. Die Kleinanleger waren dabei nichts als Kanonenfutter.«[7]

Doch es waren nicht nur die Newcomer, die tricksten und täuschten. Auch renommierte Betriebe drifteten in Deutschland in die Grauzone des Bilanzbetrugs ab. In den Verdacht, mit windigen Bewertungen die Grenze des Erlaubten überschritten zu haben, gerieten etwa der Baukonzern Philipp Holzmann, der schließlich in Konkurs ging, die Bankgesellschaft Berlin, die mit Milliardenaufwand saniert werden musste, oder auch der Anlageberater MLP, dessen Ex-Chef Bernhard Termühlen sich vor Gericht verantworten musste, weil er die Jahresabschlüsse angeblich falsch aufgestellt hatte, um Ertragslage und Wachstum des Unternehmens in günstigerem Licht erscheinen zu lassen.

»Das heutige Börsenumfeld verlangt nach ständig steigenden Gewinnen«, der Druck auf die Manager,

»entsprechende Zahlen zu liefern«, habe enorm zugenommen, klagte damals der Finanzvorstand von Preussag, der heutigen TUI. Und der Hamburger Wirtschaftsprofessor Eberhard Scheffler stellte fest: Deutsche Konzernlenker seien zunehmend bereit, »aggressive Bilanzierungsmethoden anzuwenden«.[8]

Es entbehrt nicht einer gewissen Ironie, dass die Grundlagen für die geschilderten Entgleisungen in den 80er Jahren gelegt wurden – in der guten Absicht, solche Auswüchse künftig zu verhindern! Weil die Aktionäre es leid waren, dass gierige oder auch nur schlecht arbeitende Manager, dem Filmhelden Gordon Gekko gleich, ihre Firmen herunterwirtschafteten, aber bis zum Konkurs ihr festes Gehalt bekamen, fand die Theorie des Shareholder Value immer mehr Anhänger.

Die grundlegende Idee, in den Vereinigten Staaten geboren, war zunächst gar nicht einmal falsch. In seinem bahnbrechenden Werk zum Shareholder Value schrieb der amerikanische Professor Alfred Rappaport 1986: »Wenn das Management Strategiealternativen beurteilt, dann sind jene Strategien, die dem Unternehmen den größten nachhaltigen Wettbewerbsvorteil verschaffen, auch diejenigen, die den höchsten Shareholder Value schaffen.«[9] Wohlgemerkt: es ging ursprünglich um den *größten nachhaltigen Wettbewerbsvorteil*!

Herausgekommen ist etwas ganz anderes: Der Erfolg des Unternehmens wurde vor allem an der Entwicklung des Aktienkurses gemessen. Als Instrument, um die Manager allzeit auf dem richtigen Weg zu halten, kamen schließlich noch die »stock options« hinzu. Aktienpakete, als Prämie für den Erfolg an das Management ausgeteilt, schlossen die Interessen der Manager mit denen der Aktionäre gleich. Das Desaster war programmiert. Denn wenn das Einkommen über Optionen an den Börsenkurs gekoppelt wird, bringt man sogar anständige Menschen in Versuchung.

Die Folgen waren vorhersehbar: Immer stärker rückte die so genannte Performance in den Vordergrund, gemessen an vierteljährlichen Bilanzzahlen und damit hektischen, oberflächlichen Werten. Vor allem aber ließen die sich auch anders als mit beharrlicher Arbeit nach oben treiben. Durch Fusionsfantasien etwa, oder eine gute Story, die mit dem Aufkommen der New Economy immer wichtiger wurde. Wer die Zukunft des Unternehmens mediengerecht in rosigen Farben ausmalte, wortreich die Eroberung der Weltmärkte skizzierte, der konnte in bester Arbeitsteilung mit Analysten und Börsianern die Kurse seiner Aktien und damit sein Privatvermögen in schwindelnde Höhen treiben. Und wenn das noch immer nicht schnell genug ging, sorgte »kreative Buchführung« selbst in großen Firmen für zusätzlichen Schub an der Börse.

Doch jeder Bilanzskandal lieferte einen Beleg für die These, das Konzept sei nichts anderes gewesen als ein wunderbarer Anreiz für besonders schlaue und geldgierige Kapitalisten, sich ungeniert auf Kosten der Beschäftigten und der Gesellschaft zu bereichern. Wie anders war es denn zu verstehen, wenn die Beschuldigten im Düsseldorfer Mannesmann-Prozess ihre Millionenprämien damit begründeten, dass derjenige, der seine Aktionäre reich macht, selbst auch reich werden solle. Shareholder Value, das war auch jene Abgreifmentalität, die hinter den juristischen Auseinandersetzungen zum Vorschein kam.

In Verruf geriet das Modell auch dadurch, dass immer häufiger die Verkündung von Milliardengewinnen einherging mit der gleichzeitigen Absicht, tausende von Stellen zu streichen. Und regelmäßig schossen die Börsenkurse in die Höhe.

Wirklich diskreditiert wurde die angeblich so zukunftsträchtige Managementmethode aber erst mit dem langen Abstieg am Aktienmarkt und speziell dem dramatischen Niedergang des Neuen Markts. Es kam, was kommen musste: Quartalsberichte, eigentlich als Instrument einer besseren Unterrichtung der Anteilseigner gedacht, wurden von gierigen oder unter Druck stehenden Managern nicht selten als Einladung zur Schönfärberei genutzt.

Denn bei der Entwicklung an der Börse ging es immer häufiger auch um ihre eigene Börse. Die »amerikanische Krankheit«, wie es der Hamburger Ökonom Michael Adams einmal formulierte, griff auch in Deutschland immer weiter um sich. Adams Fazit: »Die angestellten Manager haben den Verteilungskampf gegen Eigentümer und Mitarbeiter für sich entschieden.«[10]

Immer mehr Firmen bezahlten ihre Führungskräfte mit Optionen, deren Wert von der Entwicklung des Aktienkurses abhängt. Auf dem Höhepunkt der Börseneuphorie ließen sich 140 Unternehmen in Deutschland Aktienoptionsprogramme genehmigen. Das Signal an die Manager war eindeutig: Wer den Kurs zur rechten Zeit nach oben treibt, der kassiert auch kräftig.

Doch Quartalsberichte sind zweifellos auch ein Knebel für die Unternehmensführungen. Und dafür sorgt ganz besonders eine Spezies, deren Wirken in den vergangenen Jahren alles andere als segensreich war: die Analysten, zumeist junge Hochschulabsolventen ohne praktische Erfahrung in Unternehmen – oder gar Menschenkenntnis –, die populäre Theorien wie die des Shareholder Value nachbeten.

Ohne Rücksicht auf gewachsene Strukturen, traditionelle Werte oder menschliche Zusammenhänge können sie die Kurse nach oben oder unten treiben. Auch und nicht zuletzt zum Wohl des eigenen Profits. Mit der Arroganz des jungen, akademisch gebildeten Überfliegers sitzen sie gestandenen Unternehmern gegenüber und spielen Schicksal – für die Firma und manchmal für tausende von Angestellten und ihre Familien.

»Wie kommt man eigentlich überhaupt auf die Idee, dass Finanzanalysten, Fondsmanager und Investmentbanker in der Lage seien, Unternehmen beurteilen zu können?«, fragt der St. Gallener Managementexperte Fredmund Malik völlig zu Recht. Denn, so sein Urteil: »Diese Zunft hat in den letzten Jahren – von wenigen Ausnahmen abgesehen – eigentlich nur eines gezeigt: wie durch Ignoranz und Arroganz eine Orgie von Fehleinschätzungen und Fehlentscheidungen entstehen konnte. Von Wirtschaftssachverstand im eigentlichen Sinne ist wenig zu erkennen.«[11]

Dennoch spielen der enorme Druck, dem sich das Management durch die permanente Berichterstattung gegenüber Analysten und Medien ausgesetzt sieht, und der permanente Zwang, guten Ergebnissen neue Erfolgsmeldungen und spektakuläre Übernahmen folgen zu lassen, offenbar immer noch eine größere Rolle als eine ruhige, auf stetige Entwicklung ausgerichtete Unternehmenspolitik. Die erzielt auf dem Parkett der Eitelkeiten kaum Aufmerksamkeit und wird deshalb auch selten honoriert.

Wie schnell auch da die Grenze zum Illegalen überschritten ist, zeigen Prozesse gegen namhafte Vertreter dieser Gruppe in den USA. Aber auch in Deutschland bewegte sich manche Operation zumindest in einer

Grauzone. Die Grundfesten der Börsen gerieten damit manchmal durchaus ins Wanken. Interessenkonflikte von Analysten wurden offenbar, weil sie Aktien von Unternehmen, mit denen ihre Bank Geschäfte machte, noch bis kurz vor der Insolvenz zum Kauf empfohlen hatten.

Aber auch das Vertrauen in die Wirtschaftsprüfer erlebte eine tiefe Krise, denn nicht selten erteilten sie Kandidaten mit ihrem Stempel und ihrer Unterschrift Absolution, die längst das Testat nicht mehr verdient hatten. Auch das diente nicht gerade der Vertrauensbildung, sondern förderte das Bild von einer Wirtschaft, in der Lügen und Betrügen an der Tagesordnung sind. »Der Weisheit letzter Schluss dürfte die kompromisslose Durchsetzung des Shareholder Value kaum sein, der dem Eigentümer einen Höchstnutzen zubilligt, während die anderen Produktionsfaktoren, besonders die Belegschaft, vernachlässigt werden«, konstatierte die *Frankfurter Allgemeine Zeitung*.

Keiner aber hat den Spuk der New Economy und den Götzendienst am Shareholder Value so gegeißelt wie Malik. Völlig zu Recht stellte er fest: »Wer die New Economy hochgejubelt hat, versteht nichts von Wirtschaft. Wer Shareholder Value und Börsenwertsteigerung propagierte, hat gefährlich wenig Ahnung von richtiger Unternehmensführung. Wer Stock Options für Manager forderte, ist naiv, weil er glaubte, an der Börse zeige sich die unternehmerische Leistung.«[12]

Malik kommt zu einem Urteil, dem man sich kaum entziehen kann. Das Konzept des Shareholder Value sei nicht nur falsch verstanden worden, sondern es sei grundsätzlich falsch, weil es Betriebe und ihren Zweck ausschließlich aus der finanzwirtschaftlichen Perspektive betrachte sowie aus der Interessenlage der Börse, der Analysten, der Fondsmanager und eines Börsenpublikums, das gar kein Interesse an Unternehmen, sondern nur an Papieren hat.

Die eigentliche Fehlentwicklung begann mit der Verwechslung der Betrachtungsweise und Zwecksetzung der Unternehmensführung mit jener der Investoren und ihrer Consultants. Es war gleichzeitig die Verwechslung des realwirtschaftlichen Zwecks eines Unternehmens mit den finanzwirtschaftlichen Zwecken von Anlegern. Diese Verwechslung öffnete die Tore für eine gesellschaftlich einmalige Periode der anscheinend legitimen Bilanzmanipulation, Bilanzfälschung, des Betrugs am Publikum und der exzessiven Einkommensgestaltung von Managern.

Doch was ist zu tun? Nicht, um wieder wie zu Zeiten des ehrbaren Kaufmanns zu wirtschaften, aber wenigstens doch einigen der Prinzipien wieder zu ihrem Recht zu verhelfen, die unerlässlich sind für eine langfristig profitable Führung von Firmen, von der alle, also Kunden, Mitarbeiter, Gesellschaft, Aktionäre und natürlich Manager gleichermaßen profitieren. Was ist zu tun, um das so arg ramponierte Image von Managern und Unternehmern wieder ein wenig aufzupolieren?

Nicht nur der langjährige Nestlé-Manager Helmut Maucher ist überzeugt, »dass die Manager sich wieder auf die langfristige und beständige Unternehmensentwicklung konzentrieren müssen«. Und natürlich steht bei vielen Betrieben nach wie vor die langfristige Steigerung des Werts im Vordergrund, der geduldige Aufbau einer Weltmarke über Jahre und Jahrzehnte.

Mit ein wenig Ironie desjenigen, der auf den ganzen modernen Management-Zauber nicht hereingefallen ist, könnte ich ja anmerken, man habe das ganze Desaster schon vor hundert Jahren voraussehen können. Thorstein Veblen, einer der herausragenden Ökonomen und Soziologen Ende des 19. und zu Beginn des 20. Jahrhunderts, hatte schon damals geschrieben, dass Ingenieure der Wirtschaft nützen, Finanzexperten ihr dagegen im Wege stehen. Finanzjongleure reißen Firmen durch riskante Manöver in den Abgrund, so seine Prognose, Technokraten aber seien die wahren Wertschöpfer, weil sie die Produktion mit modernen Fertigungsverfahren sicherten.[13]

Aber natürlich habe ich die Entwicklung der vergangenen Jahre nicht mit Schadenfreude gesehen, weil ich weiß, dass es uns nur gut gehen kann, wenn es der Wirtschaft insgesamt gut geht. Genauso wenig habe ich mich aber auch in einer grundsätzlichen Erkenntnis beirren lassen: Der Kapitalismus wird nicht im Sumpf der Firmenskandale untergehen, die kapitalistische Revolution frisst nicht nach der Überwindung des Sozialismus gleichsam ihre eigenen Kinder. Krisen gehören zur Marktwirtschaft, das Auf und Ab ist der normale Weg. Der Kapitalismus ist nicht deshalb so stark, weil er moralischer, sauberer, sozialer oder ehrlicher wäre als andere Wirtschaftsformen, sondern weil er effizient und flexibel ist – und zwar auch bei der Selbstreinigung. Das hat sich in allen Krisen der Vergangenheit gezeigt.

Ehrgeiz und Gewinnstreben gehören selbstverständlich dazu, das wusste schon der Urvater des Markts, Adam Smith. »Nicht von dem Wohlwollen des Metzgers, Brauers oder Bäckers erwarten wir das, was wir zum Essen brauchen, sondern davon, dass sie ihre eigenen Interessen wahrnehmen; wir wenden uns nicht an ihre Menschenliebe, sondern an ihre Eigenliebe.«

Allerdings war Smith auch klar, dass der Egoismus nicht in nackte Gier umkippen darf, dass nur staatliche Gesetze, Regularien und vor allem eine durchsetzungsfähige Aufsicht den Raubtierkapitalismus in Schach halten. Natürlich gehören dazu auch bessere Regeln an der Börse und schließlich wohl auch eine bessere Börsenaufsicht.

Doch Gesetze und Aufsicht sind die eine, die notwendige Bedingung. Hinreichend werden die Veränderungen erst, wenn sich auch das Bewusstsein verändert und ein paar wichtige Grundsätze wieder allgemein zu Ehren kommen.

Dazu gehört das Erfolgsgeheimnis aller gut geführten Firmen, nämlich das Unternehmen selbst und nicht irgendwelche Interessengruppen – ob Shareholder oder das nur scheinbar bessere Konzept der Stakeholder – in den Mittelpunkt aller Konzepte und Strategien zu stellen. Denn was gut für die Firma ist, kann für Mitarbeiter oder Aktionäre nicht schlecht sein, das ist die logische Schlussfolgerung. Umgekehrt ergibt sich eben keine Logik. Die richtige Frage bei allen Überlegungen muss also lauten: Was ist ein starkes Unternehmen und was ist zu tun, damit es das bleibt?

Folglich muss auch der Kunde im Mittelpunkt stehen. Zufriedene Kunden sind Zweck und Ziel des Unternehmens. Kunden müssen Vorrang haben vor Aktionären und Arbeitnehmern, selbstverständlich auch vor Managern, die ja ebenfalls nur Arbeitnehmer sind, auch wenn ihr Gehalt noch so hoch ist. Die logische Konsequenz zieht Fredmund Malik aus dieser Einsicht: »Kundenzufriedenheit orientiert sich am Konkurrenzangebot. Somit ist nicht Shareholder Value, sondern Costumer Value entscheidend, und nicht Wertsteigerung, sondern Wettbewerbsfähigkeit.«

In diesen Zusammenhang gehört aber noch eine andere Erkenntnis: Nicht zufällig beobachten Philosophen und Gesellschaftskritiker eine »Renaissance des Bürgerlichen«. Diesbezüglich völlig unverdächtige Personen legen wieder Wert auf Tradition, und Lehrer werden wieder dafür gelobt, wenn sie Schülern »Werte« vermitteln. Es gibt eine Sehnsucht nach Form, die dem Ungewissen des Lebens Halt verschafft, und vor allem einen Bedarf an Grundsätzen.

Es wäre viel gewonnen, wenn der Begriff des ehrbaren Kaufmanns gerade für den Nachwuchs wieder mehr wäre als nur eine lächerliche, verstaubte Marotte. Es wäre nicht schlecht, wenn wie zu Zeiten von Hermann Josef Abs wieder die Überzeugung herrschte, dass »Gewinn gut ist, aber nicht alles«.

Es geht um mehr als nur den kurzfristigen und vordergründigen Shareholder Value. Wer ein Unternehmen erfolgreich führen will, davon bin ich fest überzeugt, der braucht ein paar Grundsätze, zu denen er auch in schwierigen Zeiten steht und die er nicht jeden Tag neu in den Wind hängt. Zuerst und vor allem ist das absolute Glaubwürdigkeit. Der ehrliche, faire und gradlinige Umgang mit allen Partnern – ob Kunde, Zulieferer, Investor oder Mitarbeiter – ist eine unverzichtbare ethische Grundhaltung für den Unternehmenserfolg. Ohne Glaubwürdigkeit gibt es keine loyalen Kunden. Wer kauft schon Produkte eines Unternehmens, dessen Qualitätsaussagen er nicht traut oder das ständig gegen den ethischen Grundkonsens der Gesellschaft verstößt?

Glaubwürdig zu sein heißt aber eben auch, dass ein Unternehmer gelegentlich klar Flagge zeigen muss. Wie richtig wir mit unserer Einstellung lagen, die Kapitalmärkte durch Substanz und Zukunftspotenzial zu überzeugen, zeigt sich auch daran, dass viele Unternehmen der New Economy längst pleite sind, ihre Quartalsberichte das Papier also nicht wert waren, auf dem sie gedruckt wurden.

Vor allem aber gilt: Am Ende zeigt sich auch diesmal wieder, wirtschaftlicher Erfolg wird zwar zumeist in Zahlen gemessen, doch Zahlen sind nicht alles. Es kommt auch auf Werte an, die nicht quantifizierbar sind, und vor allem auch auf Überzeugungen.

Die weißen Raben

oder:
Es gibt sie noch,
die guten
Unternehmer

Die Allgäuer Privatbrauerei Zötler lockt ihre Kunden mit einer ganz besonderen Attraktion. Führungen durch den Betrieb enden seit einiger Zeit unter dem nächtlichen Vollmondhimmel. In einem abgedunkelten Raum rieseln mystische Klänge auf die Besucher nieder, eine ruhige Stimme beschreibt die Magie des Vollmonds. Dann leuchten an der dunklen Decke hunderte kleiner Lämpchen auf und durch den künstlichen Sternenhimmel schiebt sich ein ebenso künstlicher Mond.

Mit dem technischen Gag macht der umtriebige Mittelständler Biertrinker in seiner »Erlebnisbrauerei« auf die neueste Kreation des Unternehmens aufmerksam. Denn tatsächlich braut die kleine Privatbrauerei Zötler in jeder Vollmondnacht ein spezielles Vollmondbier. Und das erfreut sich in der Region um Memmingen, Kempten und Oberstdorf ungeheurer Nachfrage.

Was an diesem Vollmondbier anders ist, kann Brauereichef Herbert Zötler nicht sagen, außer dass sich »die ganze Kraft und Magie des Vollmondes« in diesem Biersud bündelt. Aber er weiß, dass es eine prima Idee ist, um seine Ware zu verkaufen. Schließlich muss er nicht nur gegen die fast übermächtige Konkurrenz nationaler und internationaler Getränkekonzerne ankämpfen, sondern auch gegen fallende Bierpreise und den nachlassenden Bierdurst der Deutschen. Es ist auch hier die Frage, anders zu sein, um sich behaupten zu können.

Seine Vorfahren haben Bauernaufstände überstanden und Kriege überlebt, dreimal brannte die Brauerei bis auf die Grundmauern nieder, jetzt führt Zötler sie in der 20. Generation. Eine Urkunde zeigt als Gründungsdatum das Jahr 1447, und seit eine Zeitschrift vor einiger Zeit feststellte, die Brauerei sei der älteste Familienbetrieb Deutschlands, ist sie ein beliebtes Objekt für die Reporter.

Tradition ist etwas Wunderbares, das weiß Zötler, aber auch, dass er sich jeden Tag neu anstrengen muss. Doch er kann auf Bewährtem aufbauen: »Wir kennen unsere Kunden, wir können daher auch ganz andere Lösungen anbieten als eine Großbrauerei. Und wir können viel schneller reagieren.«

Vor allem in dem Vertrauen, das über Generationen bei den Kunden aufgebaut wurde, sieht der kleine Mittelständler mit der großen Tradition die besondere Stärke eines Familienbetriebs. Dafür stünden Werte, die heute nicht mehr selbstverständlich seien: Ehrlichkeit und Fairness. »Die Leute wissen, dass wir nur gute Rohstoffe verwenden, dass man mit uns reden kann, dass wir Leute zum Anfassen sind – eben eine Familie. Und das sind Mosaiksteine für die Zukunft, damit unsere Geschäfte besser laufen«, sagte Zötler den Reportern des Deutschlandradios.[1]

Heute richtet sich das öffentliche und mediale Interesse wieder auf solche traditionsreichen Betriebe, sie rücken ins Licht der Aufmerksamkeit. Als der Shareholder Value noch das Maß aller Dinge war, galten sie nur noch als altbacken und überholt, wurden als

Auslaufmodelle gehandelt und belächelt. Ja, sie galten sogar als antiquiertes, ganz besonders deutsches, jedenfalls europäisches Relikt aus der längst vergangenen Zeit des Frühkapitalismus.

Damals schien man ja als Manager etwas falsch zu machen, wenn man nicht jeden Tag über eine Fusion nachdachte. Größe schien der einzige Erfolgsgarant zu sein, den globalen, von Managern ohne Bindung zu den Eigentümern geführten Konzernen schien die Zukunft zu gehören. Und der Lohn für erfolgreiche Arbeit waren nicht so antiquierte Dinge wie gesellschaftliche Anerkennung oder patriarchalischer Stolz, gewiss verbunden mit hohem Einkommen und Vermögen, sondern Aktienoptionen, die jederzeit in Millionengewinne umgemünzt werden konnten.

Mittlerweile ist längst klar, dass es nicht nur auf Größe ankommt, sondern auf Schnelligkeit, Wendigkeit – und mit Sicherheit auch auf eine langfristige Strategie und Orientierung. Profit, ohne den ganz besonders kleine Unternehmen niemals ihre Unabhängigkeit bewahren können, ist eben mehr als Shareholder Value. Diese Erkenntnis setzt sich immer klarer durch.

Die Frage, ob Familienunternehmen in Zeiten globaler Kapitalmärkte und multinationaler Konzerne noch eine sinnvolle Organisationsform sind, stellt sich wirklich nicht mehr. Nach all den Skandalen um gefälschte Umsätze, manipulierte Bilanzen und aufgeblasene Firmenstorys, die in einem veritablen Börsencrash mündeten, wird vor allem eins deutlich: Stock Options, der Begriff in den einschlägigen Managementtheorien, können Manager gelegentlich zu Hasardeuren machen, die nichts anderes mehr im Kopf haben als getunte Quartalsberichte, mit denen der Aktienkurs und damit auch das eigene Einkommen in die Höhe getrieben werden. Das habe ich im vorangegangenen Kapitel deutlich zu machen versucht.

Nein, das vermeintlich überholte Modell erscheint in neuem Licht, es erlebt geradezu eine Renaissance.[2] Selbst für smarte Unternehmensberater, die gern auf jeder Modewelle der Managementdiskussion mitschwimmen, sind Familienunternehmen nun auch wieder Erfolgsmodelle. Viele Fakten haben dies ohnehin immer belegt, unabhängig von den gängigen Trends der Unternehmensführung.

Sogar international werden sie angesichts der Skandale und krisenhaften Entwicklungen in vielen anonymen Kapitalgesellschaften als beispielhaft beschrieben. So preist etwa der italienische Wirtschaftshistoriker Andrea Colli die Überlebenskraft und Dynamik von Familienunternehmen seit dem Beginn der Industrialisierung.[3] Der Autor demonstriert die Entwicklung an vielen Beispielen, etwa dem Textilunternehmen Benetton in Italien, ebenfalls einem klassischen Land der Familienbetriebe und auch Familienclans. Aber nicht nur mit westlichen Fallstudien, sondern auch mit solchen aus den verschiedensten Ländern Asiens belegt er die vielfältige Ausprägung von Familienunternehmen und deren Fähigkeit, sich den unterschiedlichsten Bedingungen erfolgreich anzupassen.

Das Rückgrat der deutschen Wirtschaft bilden sie sowieso, denn sie stellen den weitaus größten Teil der Unternehmen. Aber solche Familienbetriebe, die über eine erfolgreiche Tradition und eine solide Basis verfügen, entwickeln sich auch weitaus besser als anonyme Kapitalgesellschaften. Ihr Umsatzwachstum ist höher, ihre Krisenfestigkeit ist größer und sie haben in den vergangenen 20 Jahren rund zwei Millionen Arbeitsplätze geschaffen, während in Großkonzernen hunderttausende von Jobs gestrichen wurden.[4]

Das Schwabenland ist ja berühmt für seine erfolgreichen Familienfirmen. In Baden-Württemberg – aber natürlich auch in anderen Bundesländern – sitzen ein paar Mittelständler, die jeder Globalisierung trotzen. Diese Firmen sind alle Weltmarktführer, sie waren vorzeiten auf dem Weltmarkt und kein Billiganbieter kann ihnen Konkurrenz machen. Sie brauchen keinen Finanzinvestor, sind solide finanziert und bezahlen ihre Leute gut.

Das sind nicht die Kapitalisten mit dicker Zigarre, die ihre Arbeiter ausbeuten, und schon gar nicht die smarten Absolventen internationaler Managementschulen. Sie können sich auch frei in ihren Unternehmen bewegen, mit ihren Leuten offen reden und brauchen keine Bodyguards wie manche Manager, die nichts anderes im Sinn haben als Shareholder Value, Quartalsberichte und das Urteil von Finanzanalysten.

Einer dieser vorbildlichen Unternehmer ist der »Schraubenkönig« von Künzelsau, Reinhold Würth. Aus dem Schraubenhandelsbetrieb Adolf Würth GmbH & Co. KG mit zwei Beschäftigten, den er 1954 im Alter von 19 Jahren nach dem Tod seines Vaters übernommen hatte, machte er den Weltmarktführer für Befestigungs- und Montagetechnik. Die Würth-Gruppe beschäftigt heute mehr als 50 000 Mitarbeiter und macht knapp sieben Milliarden Euro Umsatz.

Und was ist das Erfolgsgeheimnis? Ganz einfach: Der Mann kümmert sich um sein Geschäft, er weiß, was verkaufen heißt. Der sitzt nicht einfach nur rum und schickt seine Leute los! Da ist die Achtung vor der Leistung im Betrieb noch vorhanden, man respektiert die Menschen, die den betrieblichen Mehrwert schaffen.

Reinhold Würth ist von allen württembergischen Familienunternehmern wahrscheinlich der erfolgreichste, und er hat das in einer Generation geschafft. Dabei half ihm natürlich das so genannte Wirtschaftswunder in Deutschland, der Wiederaufbau nach dem Krieg mit seiner außergewöhnlichen Wirtschaftsdynamik bis in die 70er Jahre hinein. Damals begannen viele große Unternehmerkarrieren, wie die des Autokönigs Borgward, des Radiopioniers Grundig oder des Werftengründers Schlieker, die längst wieder zu Ende sind.

Das Reich des Schraubenkönigs aber wächst und blüht weiter, weil es nach Regeln geführt wird, die unabhängig von allen schnelllebigen Managementmoden dauerhaft gültig sind. Die von einem Unternehmer geprägt wurden, der mit 14 die Schule verließ, um im väterlichen Betrieb eine Lehre zu beginnen, und der, als er 2004 aus der operativen Geschäftsführung ausschied, sein Betriebsvermögen einer Stiftung übertrug, damit »die Enkel nicht das Firmengeld für Ferraris verjubeln«.

In einem halben Jahrhundert entstand ein Unternehmen mit einer ganz eigenen Firmenkultur und einem Chef, der kein kapitalistischer Technokrat ist, sondern ein vielseitig interessierter, gebildeter und sensibler Mann, für den nicht zufällig der Mensch im Mittelpunkt seiner unternehmerischen Philosophie steht.[5] Sein oberstes Gebot lautet: »Menschenführung entscheidet zu mehr als 50 Prozent über Gewinn und Verlust, während Kapital und Produkte nur nachgeordnete Bedeutung haben.«

Wer die Menschen so in den Mittelpunkt seiner

unternehmerischen Philosophie stellt, der weiß natürlich auch, dass materielle Belohnungen wie schicke Dienstwagen und Erfolgsprämien wichtig, aber längst nicht alles sind. Erfolgreiche Mitarbeiter werden schon mal ein bis zwei Wochen in die Schweiz oder in die Karibik eingeladen. Doch Motivation findet bei Würth auch auf eine Weise statt, die längst nicht mehr in diese egoistische und materialistische Welt zu passen scheint. Reinhold Würth erachtete es immer als besonders wichtig, erfolgreichen Mitarbeitern jedes Jahr persönlich seinen Dank auszusprechen. Und für herausragende Leistungen wird die »Würth-Ehrennadel« verliehen, in Gold oder mit Brillianten besetzt. Sie zu tragen ist eine Ehre. Darüber hinaus werden erfolgreiche Verkäufer mit der Aufnahme in den Erfolgs- oder Top-Club ausgezeichnet.

Das Ziel ist dabei immer klar und wird in langfristigen Zyklen vorgegeben, ganz gewiss nicht von Quartal zu Quartal: Wachstum ohne Gewinn ist tödlich, lautet einer der ehernen Grundsätze des erfolgreichen Familienunternehmers. Und wie verwirklicht man diesen Anspruch so nachhaltig und erfolgreich über ein halbes Jahrhundert? Sicher nicht, indem man den Shareholder Value zum Götzen erhebt und ihn blind anbetet. So etwas interessiert den Unternehmer Würth überhaupt nicht, obwohl es doch dabei um nichts sonst als sein eigenes Vermögen ginge.

Nein, so wäre der Familienunternehmer niemals zu einem der reichsten Männer Deutschlands aufgestiegen. Das funktionierte nur, weil er ganz andere Prinzipien hatte, die er schon früh als Lehrling im Schraubenhandel lernte. »Mit 16 bin ich von meinem Vater 14 Tage nach Düsseldorf geschickt worden: Jetzt gehst du mal verkaufen«, erzählt er noch heute. Dabei lernte er die Bedeutung der Kunden für ein Unternehmen kennen.

Die Kunden stehen seitdem im Mittelpunkt. Und die mehr als 20 000 Mitarbeiter des Außendienstes, die Handwerksbetrieben aller Art neben Schrauben und Muttern auch Werkbänke, Winkelschleifer und selbst Thermounterwäsche für den winterlichen Einsatz auf Baustellen verkaufen, sollen nach dem Willen von Reinhold Würth nicht einfach irgendwelche Verkäufer sein. Sie sollen, ganz im Gegenteil, auch die Gebote befolgen, die er in einem Leitfaden »Erfolgsgeheimnis Führungskultur« notiert hat. Das erste Gebot lautet: »Übervorteile deine Kunden nie«, danach folgen weitere wie »Schreibe keinen Auftrag, der auf Unwahrheit beruht« oder »Gib deinen Kunden die Sicherheit absoluter Fairness« und, auch direkt erfolgsorientiert: »Besuche jeden deiner Kunden jede Woche einmal.«

Wie wichtig Würth die Fokussierung auf die Kunden nimmt, wie man das heute wohl formulieren würde, zeigen auch einige Geschichten, die er selbst der Presse erzählte. So berichtete das *Manager Magazin*, wenn es sein müsse, werde der Chef auch noch erzieherisch tätig.[6] Weil ihm die Mitarbeiter in der Hauptverwaltung zu arrogant erschienen, meldete er bei der Stadtverwaltung von Künzelsau kurzerhand eine Demonstration an und zog mit einem Handwagen zum alten Firmensitz.

Damit sollte den Angestellten der Ursprung des Unternehmens wieder vor Augen geführt werden. Denn als Auszubildender bei seinem Vater lieferte Reinhold Würth, der heute als Hobbypilot sein Privatflugzeug selbst fliegt, die Schrauben noch per Handwagen aus.

Im Interview mit dem *Spiegel* entpuppte sich der Unternehmer auch noch als Computerfeind mit Hintersinn.[7] Seinen Verkäufern habe er den Laptop weggenommen, erklärte er, seitdem steige der Umsatz wieder. Es ist jedenfalls eine schöne Geschichte und die Begründung klingt durchaus vernünftig, rückt sie doch die Wichtigkeit der Kunden in den Vordergrund: »Es ist grausam unhöflich, wenn ein Verkäufer mit seiner Kiste rummacht, statt den Kunden anzusehen und mit ihm über Wetter, Urlaub oder Frauen zu plaudern. Zum anderen wissen wir aus Studien, dass der Verkäufer genau 19 Minuten Verkaufszeit vom Kunden bekommt. Wenn im Winter eine Minute vergeht, bis der Laptop mal läuft, dann sind das fünf Prozent der Verkaufszeit. Das können wir uns nicht leisten.«

Die Verkäufer sollen eine Beziehung zum Kunden aufbauen, ihn zuvorkommend behandeln, sie sollen glaubwürdig, fair und ehrlich sein, weil das dem Unternehmen nützt. Und in der Tat, das Wichtigste für ein Unternehmen ist natürlich, möglichst viele potentielle Kunden dazu zu bewegen, ihr Geld für die eigenen Produkte auszugeben.

Doch bei aller Freundlichkeit und Fairness, auf die es mit Sicherheit ankommt, will man im Markt erfolgreich sein, wäre das ohne die entsprechenden Produkte natürlich verlorene Liebesmüh. Am Ende wollen die Kunden eine exquisite Leistung für ihr Geld haben und nicht nur eine angenehme Atmosphäre. Die Entwicklung konkurrenzfähiger Produkte ist gewissermaßen die notwendige Bedingung für den Erfolg einer Firma.

Deshalb legt das Unternehmen auch viel Wert auf Innovationen. Rund 200 Ingenieure und Techniker sind ständig damit beschäftigt, neue Produkte zu entwickeln. Denn es wäre völlig falsch zu glauben, Schrauben und Montagegeräte seien so einfache Dinge, dass es an ihnen kaum etwas zu entwickeln gäbe.

Würth hält viele Patente, schließlich ist die Innovation Voraussetzung für einen weiteren Grundsatz der Firma: »Qualität schlägt Preis.«

Niemals würde sich der Familienunternehmer wohl auf einen Preiskampf im Baumarkt einlassen, um seine Produkte zu verkaufen. Stattdessen wählt er die vergleichsweise teure Schiene des Außendienstes als Vertriebskanal und druckt auf jeden Verpackungskarton das Würth-Logo, damit die Handwerker sofort erkennen, dass sie Qualität bekommen.

Damit der Gewinn trotzdem stimmt, praktiziert er eine möglichst geringe Fertigungstiefe, so wie es erfolgreiche Unternehmen etwa in der Automobilindustrie, auch Porsche, ebenfalls schon lange tun. Fast alles lässt er von externen Produzenten nach den eigenen Konstruktionszeichnungen, Patenten und Vorgaben herstellen, 80 Prozent der Lieferanten sind in Deutschland, ganze vier Prozent seiner Produkte produziert das Unternehmen selbst. Und wenn die seit Jahren anhaltende Rezession in der Baubranche und die Insolvenzwelle im Handwerk ihn zwingen, die Kosten zu reduzieren, dann kommt eines sicher nicht so schnell in Betracht, das bei anderen Firmen heutzutage selbst in erfolgreichen Phasen selbstverständlich ist: die Entlassung von Personal. Das wäre ein Verstoß gegen die Unternehmenskultur.

Seit 50 Jahren, seit einem halben Jahrhundert, ist Reinhold Würth damit erfolgreich, länger, als viele Gurus des Shareholder Value sich das überhaupt vorstellen können. Eine außergewöhnliche Leistung. Und so wie in der Vergangenheit denkt der Firmenpatriarch auch in Bezug auf die Zukunft in ganz anderen Kategorien als die modernen, windschnittigen Managementzöglinge.

Mindestens 500 Jahre werde sein Unternehmen noch bestehen, sagt er, denn auch nach 60 Jahren sei es immer noch am Anfang, in der Jugend. Die Basis dafür hat er geschaffen, denn, so glaubt er, Führungskultur und Mitarbeitermotivation seien die strategischen Wettbewerbsvorteile der Zukunft. Und solange er da ist, wird er auch dafür sorgen, dass es so bleibt, obwohl er sich bereits 1994 aus der operativen Geschäftsführung zurückgezogen hat.

Aber da ist auch noch etwas anderes, was zu einem langen Leben des Betriebs und zur künftigen Wettbewerbsfähigkeit beitragen wird: die soziale Verankerung in der Region, bei den Menschen am Firmensitz. Wie kaum ein Zweiter in der Region Heilbronn/Franken setzte und setzt sich Reinhold Würth für die Entwicklung seiner Heimat ein. Als Vorsitzender der »Bürgerinitiative pro Region«, als Professor in Karlsruhe in der Ausbildung des Nachwuchses und als Mäzen zweier Museen.

Im Museum für Schrauben und Gewinde in Künzelsau zeigt er technische Exponate, die direkt mit dem Betrieb zusammenhängen, im Museum Würth in Künzelsau und in Schwäbisch Hall holt er in Wechselausstellungen ein kulturelles Angebot in die Provinz, das nicht zuletzt als Angebot an die Mitarbeiter gedacht ist.

Die Sammlung Würth besteht mittlerweile aus rund 8000 Werken, darunter sind Bilder so bedeutender Künstler wie Eduardo Chillida, Max Ernst, David Hockney oder auch Pablo Picasso. Reinhold Würth hat in den vergangenen 40 Jahren jährlich 200 Kunstwerke erworben – im Durchschnitt also alle zwei Tage eins!

Die Sammlung und der imposante moderne Museumsbau werden über die Lebenszeit von Reinhold

Würth hinaus Bestand haben. Sie sind sozusagen sein Denkmal, woran erkennbar wird, dass für erfolgreiche Familienunternehmer die gleichen Prinzipien gelten wie für deren Angestellte: Die materiellen Erfolge sind wichtig. Was für den Mitarbeiter das prestigeträchtige Auto, ist für den Chef das Privatflugzeug, das Boot oder die Kunst.

Doch genauso wichtig ist die Anerkennung, im Fall des Chefs die öffentliche Resonanz. Es lohnt sich nicht, reich zu sein ohne öffentliche Anerkennung. Darin liegt ein starkes Motiv. Über das Museum reden die Leute noch, wenn der Firmenpatriarch Reinhold Würth nicht mehr da ist. Das ist ein bleibendes Zeichen.

Bleibende Werte hat mit Sicherheit auch ein anderer geschaffen, der in der Presse gern als »Ikone des Mittelstands« oder »Verkörperung des German Way of Life« beschrieben wird, obwohl er das gar nicht gerne hört: Berthold Leibinger, der urschwäbische Ingenieur, Inkarnation des Maschinenbauers Trumpf in Ditzingen. Geerbt hat der 1930 geborene Sohn eines Stuttgarter Kunsthändlers den Betrieb nicht, sondern 1950 dort eine Mechanikerlehre begonnen.

Nach dem Studium und einem zweijährigen Aufenthalt in den USA kam er 1961 als Leiter der Entwicklungsabteilung zurück. Seine Erfindungen schufen die Grundlagen dafür, dass Trumpf heute zu den weltweit führenden Unternehmen des Werkzeugmaschinenbaus gehört und sogar Weltmarktführer für industrielle Laser und Lasersysteme ist, mit rund 6000 Beschäftigten und anderthalb Milliarden Euro Umsatz.

In aller Welt lasern, stanzen, schweißen und kanten Leibingers Maschinen heute Flugzeugturbinen, Skateboards, Injektionsnadeln, Sägeblätter oder Fahrkartenautomaten.[8] »Jeder, der heute auf dieser Welt reist, lebt oder arbeitet, kommt mit Produkten in Berührung, die auf unseren Maschinen gefertigt wurden«, sagt Leibinger, dessen Familie das Unternehmen heute gehört und die es leitet. Denn, so hat er einmal nicht ohne Stolz bemerkt, mit der Zeit sei es für seinen ehemaligen Chef, einen kinderlosen Firmenpatriarchen, billiger gewesen, »mich zum Gesellschafter zu machen, als weiter Lizenzen auf meine Patente zu bezahlen«.

Trumpf ist heute Leibinger und Leibinger legt Wert darauf, dass sein Unternehmen eine Familienfirma ist, die nach den dafür geltenden Grundsätzen geführt wird. Denn »ein Familienunternehmen ist für mich schlichtweg die beste Unternehmensform, die es auf der Welt gibt«.

Welche Grundsätze das sind? Natürlich auch hier zunächst einmal ein erstklassiges Produkt als Basis, auf der alles andere aufbaut. Innovative Angebote, die nicht jedem Preiswettbewerb schutzlos ausgeliefert sind und die nicht dem erstbesten Billiganbieter aus Schwellenländern weichen müssen. »Wissensschwere Produkte« nennt Leibinger das.

Selbstverständlich steht auch bei Trumpf der Kunde im Vordergrund. Schon früh setzte die Firma deshalb eigene Serviceleute in aller Welt ein, denn »wenn der Chef einer kleinen Firma eine Maschine für eine halbe Million Dollar kauft, muss die auch immer funktionieren«. Der Kunde braucht ein Gefühl der Sicherheit, dann gibt er auch gern gutes Geld aus. Jedenfalls ist Trumpf immer erste Wahl, wenn ein Unternehmen irgendwo auf der Welt Laser einsetzen will, die technische Leistung macht offenbar die hohen Preise mehr als wett. Kein Wunder, dass Trumpf eine für den Maschinenbau ungewöhnlich hohe Rendite erzielt.

Wenn zu den guten Produkten und dem hervorragenden Service auch noch ein ganz besonderes Verhältnis zu den Beschäftigten kommt, dann entsteht etwas, was Leibinger »Kleinklima schaffen« nennt. Also eine Atmosphäre im Betrieb, die Motivation und Kreativität fördert. Und ein »Bündnis für Arbeit«, das seit 1997 immer wieder erneuert wird und dafür sorgt, dass die Produktion in Deutschland international wettbewerbsfähig bleibt.

Bedingung dafür ist aber auch ein Chef, der als Leitbild in seinem Unternehmen glaubwürdig ist, der die Werte Fleiß, Zielstrebigkeit und Verantwortungsbewusstsein vorlebt und sich dann auch in kritischen Situationen so verhält, wie es nur ein Eigentümer kann und kein Vorstandsvorsitzender, der vor kritischen Analystenstimmen kuscht. So standhaft hat sich Leibinger verhalten, als er Anfang der 90er Jahre zum ersten Mal seit Kriegsende Verluste machte und ein Banker ihm riet, 400 Leute zu entlassen.

»Woher will der Kerl das wissen«, habe er damals gedacht, erzählt Leibinger noch heute. Dann habe er sich entschlossen, 200 Arbeitsplätze zu streichen, was schwer genug war. »Als Vorstand einer AG hätte ich mich dem Druck der Geldgeber aber vermutlich beugen müssen«, sagt er.[9] Doch ein Chef, der es in den Augen der Beschäftigten auch ist, kann sich ganz anders vor seine Leute stellen als die modernen Jünger des Shareholder Value, die bei Misserfolg Millionenabfindungen kassieren. Der entlässt nicht an einem Tag 200 Mitarbeiter und kauft sich am nächsten Tag einen neuen Mercedes.

Nein, ein solcher Unternehmer investiert sein Geld im Betrieb, und was dann übrig bleibt, das dient in nicht geringem Maß sozialen Zwecken. So hat der schwäbische Bilderbuchunternehmer einen Teil seines Vermögens in die Berthold Leibinger Stiftung eingebracht, die kulturellen, kirchlichen und wissenschaftlichen Zielen folgt.

Natürlich war er auch vielfältig politisch im weitesten Sinn aktiv, beriet Ministerpräsidenten seines Bundeslands, war Vorsitzender des Verbands der Maschinenbauer und sitzt im Stuttgarter Universitätsrat. Daneben ist der Japanexperte Vorsitzender der Internationalen Bach-Akademie Stuttgart und des Freundeskreises des Deutschen Literaturarchivs Marbach. So einer darf auch seinen Kollegen ins Stammbuch schreiben: »Ich wünsche mir mehr Engagement fürs Gemeinwohl. Einige Manager könnten ruhig weniger Zeit auf dem Golfplatz verbringen.«[10]

Zwar hat er inzwischen die operative Führung des Unternehmens an die nächste Generation der Familie übergeben, doch seine Grundsätze der Unternehmensführung sind im so genannten Familienkodex niedergeschrieben. Sie sollen den Geist des Unternehmens bewahren. Erstes Gebot: Die Unabhängigkeit der Firma geht grundsätzlich vor Größe. Und genauso wichtig: Die Interessen Einzelner müssen vor dem Firmeninteresse zurückstehen.

Berthold Leibinger hat sich aus der aktiven Firmenführung zurückgezogen. Er will seinen Kindern eine lange Leine lassen beim Management des Unternehmens. Nur in einem Fall, kündigte er in der *Stuttgarter Zeitung* an, werde er wieder eingreifen: bei einem geplanten Gang an die Börse.

Weil aller guten Dinge drei sind, soll hier noch ein schwäbischer Familienunternehmer als Beispiel für vorbildliche Unternehmensführung beschrieben werden: der Waiblinger Sägenfabrikant Hans Peter Stihl.

Was heißt überhaupt Sägenfabrikant? So hat der Gründer des heutigen Weltmarktführers Andres Stihl AG & Co. KG vielleicht einmal angefangen. Als das Unternehmen 1926 in Stuttgart-Bad Canstatt gegründet wurde, baute es zunächst einmal Vorfeueranlagen für Dampfkessel, um das Geld für die Entwicklung von Motorsägen zu verdienen.

Erst 1929 stellte Andres Stihl seine erste Motorsäge vor, deren Modell schnell die internationalen Märkte eroberte. Schon in den 30er Jahren exportierte die Firma namhafte Stückzahlen nach Russland und Nordamerika. Heute erwirtschaften rund 8500 Beschäftigte einen Umsatz von knapp zwei Milliarden Euro. Stihl ist mit Abstand die meistverkaufte Motorsäge der Welt, der Name ist geradezu das Synonym für Motorsägen, so wie Tempo für Papiertaschentücher oder Melitta für Kaffeefilter. Doch zur Produktpalette gehören auch Hochdruckreiniger, Häcksler oder andere mechanische Gartenhelfer.

Als Hans Peter Stihl das Unternehmen 1973 mit 41 Jahren übernahm, machte es rund 200 Millionen Euro Umsatz. Mit allen Ingredienzen eines erfolgreichen Familienbetriebs formte er daraus den heutigen Weltmarktführer: erstklassige Produkte, hervorragende Kundenbindung, innovative Produktion.

Die *Süddeutsche Zeitung* porträtierte den Mann einmal mit den Worten: »Stihl ist ein Unternehmertyp, der schwäbischen Gewerbesinn und Fleiß mit den Eigenschaften eines modernen Managers vereinigt. Zum schwäbischen Erbteil gehören der Wunsch, das Ererbte zu mehren, ein Hang zum Perfektionismus, zur Sparsamkeit und anderen bürgerlichen Tugenden sowie ein Schuss Pietismus.«

Natürlich kann so jemand auch hart sein, wenn es

um Lohnverhandlungen geht, wie Stihl es manchmal war als Vorstand des Verbands der Metallindustrie in Baden-Württemberg und damit als Verhandlungsführer in den regionalen Tarifauseinandersetzungen der Branche. Aber ein Sozialrambo war er deshalb noch lange nicht, wie es die veröffentlichte Meinung manchmal behauptete – ganz im Gegenteil. Die sozialen Leistungen in seinem Betrieb gelten als vorbildlich. Neben einer Gewinnbeteiligung wurden Ende der 90er Jahre über 30 außertarifliche Leistungen gezählt, darunter auch eine vorbildliche Altersversorgung.

Darüber hinaus bekleidete Stihl viele öffentliche Ämter, war Präsident des Deutschen Industrie- und Handelstags (DIHT), engagierte sich beim Verband Deutscher Maschinen- und Anlagenbauer (VDMA), im Institut der deutschen Wirtschaft, im Arbeitsamt Waiblingen und in der Allgemeinen Ortskrankenkasse.

Nicht zuletzt aber war er auch einer der Pioniere und Antreiber des »Forum Region Stuttgart«, das 1995 gegründet worden war, um die Region voranzubringen. Großprojekte in der Region um die Landeshauptstadt Stuttgart wie der Ausbau des Flughafens, der Bau der neuen Landesmesse am Airport oder der Plan des neuen, unterirdischen Bahnhofs Stuttgart 21 wären ohne seinen Einsatz kaum denkbar gewesen.

Wie wichtig ihm das Engagement in seiner regionalen Umwelt tatsächlich ist, mag man auch daran sehen, dass der erfolgreiche Unternehmer den Hans-Peter-Stihl-Preis stiftete, mit dem alljährlich Personen ausgezeichnet werden, die sich um die Entwicklung der Stadt Stuttgart und ihres Umlands verdient gemacht haben. Ich selbst hatte schon die Ehre, diesen Preis verliehen zu bekommen.

Reinhold Würth, Berthold Leibinger und Hans Peter Stihl – drei baden-württembergische Vorzeigeunternehmer, wie sie im Buche stehen. Ausgewählt und vorgestellt habe ich sie hier als Beispiele für viele. Weil sie dem gängigen Vorurteil entsprechen, gerade im Südwesten Deutschlands sei diese Spezies besonders häufig anzutreffen. Das mag statistisch stimmen, was ich gar nicht nachprüfen will. Aber es wäre dennoch höchstens die halbe Wahrheit.

Denn natürlich gibt es den Typus des fleißigen, ehrgeizigen, weltoffenen, sozialen und verantwortungsbewussten Unternehmers genauso auch in anderen Bundesländern, ja auf der ganzen Welt. Er ist nicht nur in Deutschland das Rückgrat der Wirtschaft. Man kann viele traditionsreiche Namen aufzählen, die für Erfindergeist, Ingenieurskunst, Unternehmertum und gesellschaftliche Verantwortung stehen: Miele, Melitta, Schaeffer, Kärcher und so weiter.

Oder nehmen wir die Autoindustrie. BMW ist ein überaus erfolgreiches Unternehmen, und hinter BMW steht die Familie Quandt. Peugeot macht einen guten Job, und dahinter steht die Familie Peugeot, hinter Toyota die Familie Toyoda. Die erfolgreichen Unternehmen in der Automobilwelt sind maßgeblich geprägt von Eignern, die sich durch ihre enge Beziehung zur Firma auszeichnen.

Diese echten Unternehmer haben langfristige Visionen und folgen ihnen. Sie haben ihren eigenen Kompass, mit dem sie selbst bei den verlockendsten kurzfristigen Trends Kurs halten. Sie können auch extrem stur sein, denn sie denken unabhängig, oft anders, und gehen ihren eigenen Weg. Was wäre gewesen, wenn sich Herbert Quandt 1959, oder die Familien Porsche und Piëch 1992, in das vermeintlich unabwendbare Schicksal gefügt und ihr Unternehmen verkauft hätten?

Das Herausragende bei Porsche ist ja ebenfalls, dass dort Familienmitglieder sitzen. Die führen mit mir ganz andere Diskussionen als ein Aufsichtsratsmitglied, das einfach ein Mandat wahrnimmt. Ein Mandat wahrzunehmen ist etwas anderes, als selbst betroffen zu sein. Das macht den Unterschied der Diskussionsqualität aus, das ist ein Teil des Erfolgs.

All diese Familien richten den Blick nicht auf das heutige Ergebnis, sondern auf die Langfristigkeit. Sie sagen: Wir orientieren uns nicht an den nächsten drei Monaten, sondern an den nächsten drei Jahren, ja sogar an Generationen. Sie verfolgen langfristige Wachstumsstrategien und kalkulieren dabei auch künftige Durststrecken mit ein. Das ist nicht mehr und nicht weniger als das Einmaleins der Betriebswirtschaft. Und dennoch ist es ein fundamentaler Unterschied, es ist eine andere Denkart.

Unternehmen mit solchen »Shareholdern« schaffen Werte und kümmern sich dabei nicht um die jeweils neuesten Managementmoden, ob das Shareholder Value ist oder was auch immer. Sie kümmern sich nicht nur um die Menschen, die bei ihnen arbeiten, sondern auch um die, die im Umkreis ihrer Betriebe wohnen. Die nun allenthalben eifrig propagierte »Corporate Social Responsibility« als Reaktion auf die krude Profitmaximierung war für sie schon eine Selbstverständlichkeit, als es die schnittige Vokabel im neumodischen Management-Kauderwelsch noch gar nicht gab.

Die Entgleisungen jugendlicher Analysten und die Kapriolen der letzten Jahre an den Börsen nehmen sie vermutlich nur mit Staunen zur Kenntnis, wenn überhaupt. Denn ihr Ziel ist nicht die Optimierung des

Gewinns von Quartal zu Quartal, sondern die Weitergabe von Werten von Generation zu Generation.

Einige wenige namentlich zu nennen, wäre deshalb geradezu ungerecht gegenüber den vielen, die ihren Job als Unternehmer genauso gut machen. Tatsächlich geht es hier auch um nichts weniger als um einen Personenkult. Ja, es geht im eigentlichen Sinne nicht einmal um Familienunternehmen. Denn es wäre geradezu töricht zu behaupten, eine Firma müsse ein Familienbetrieb sein, um erfolgreich sein zu können.

Ein kurzer Blick auf die Realität zeigt das Gegenteil. Denn natürlich gibt es Familienunternehmen, die ziemlich erfolglos sind, schlecht geführt werden und auch untergehen. Die Geschichte der Bundesrepublik hat dafür ein paar eindrucksvolle Beispiele parat: Den Autokönig Carl Borgward, von dessen Lebenswerk nicht das Geringste übrig blieb, den Radiopionier Max Grundig, dessen Imperium bis in unsere Tage hinein immer kleiner gewirtschaftet wurde, oder auch den Computerspezialisten Heinz Nixdorf, dessen Unternehmen sich mittlerweile in einem japanisch-deutschen Gemeinschaftsunternehmen verloren hat.

So, wie eine Familie ein Unternehmen stärken kann, führen Streit und Abkapselung auch häufig zur Schwächung. Insbesondere im Verlauf mehrerer Generationen muss die unternehmerische Kompetenz keineswegs übertragen werden, wie viele Beispiele in der Realität regelmäßig belegen und wie es der Volksmund in schöner Klarheit beschreibt: »Der Vater erstellt's, der Sohn erhält's, beim Enkel zerfällt's.«

Anderseits gibt es selbstverständlich auch Firmen, die reüssieren, obwohl sie alles andere sind als ein Familienunternehmen. Man könnte sagen, je größer sie sind, desto seltener sind sie Familienfirmen. Aber in einer großen, reifen Volkswirtschaft muss es auch diese Unternehmen geben, die Weltmarktchampions mit dem alleinigen Bezug zum anonymen Kapitalmarkt.

Deshalb geht es hier in gar keinem Fall um Personenkult oder auch nur um die Idealisierung einer bestimmten Unternehmensform. Es geht darum zu zeigen, dass bestimmte Grundsätze wichtig sind, wenn man langfristig Erfolg haben will. Und dass diese möglicherweise leichter umzusetzen sind, wenn das Management eines Unternehmens, ob der Eigentümerfamilie zugehörig oder nicht, es mit einem großen Kapitalgeber zu tun hat, der nach anderen Interessen entscheidet als nach einem von den Börsen getriebenen, schnellen Profit.

Dabei spielen Personen auch immer eine wichtige Rolle, ob Eigentümer oder von außen kommender Manager. Es gibt viele Familienbetriebe mit einem fremden Manager an der Spitze und viele der Eigentümer entscheiden sich ganz bewusst aus den verschiedensten Gründen für einen Außenstehenden. Um Erfolg zu haben, muss der Mann oder die Frau aber eine starke Persönlichkeit sein, eine Identifikationsfigur, die das Unternehmen personifiziert. Denn es sind Menschen, die Wirtschaft für Menschen gestalten, nicht Charts, Börsenkurse oder kluge Analystenkommentare.

Es geht darum, dass die Beschäftigten in den Firmen wissen, wer die Entscheidungen trifft und was passiert. Es geht darum, dass in der Geschäftsführung und in den Aufsichtsgremien Menschen sitzen, die sich kümmern und die eingreifen, wenn etwas nicht funktioniert. Es geht letztendlich um Verantwortung.

Die Kapitalgeber müssen ein langfristiges Interesse

am Unternehmen haben, genauso wie am Land, an der Region und den dort lebenden Menschen. Bei Familienaktionären ist das wahrscheinlich eher der Fall als bei anonymen Anteilseignern, denn Erstere wollen auch gemocht und von der Gesellschaft anerkannt werden und nicht dauernd kritisiert, weil die Firma schlecht läuft.

Bei den beschriebenen Familienunternehmen und den tausenden anderen im Land, die größtenteils unbekannt den Erfolg all der »hidden champions« repräsentieren, die in ihrem Marktsegment weltweit erfolgreich operieren, sind diese Bedingungen geradezu idealtypisch verwirklicht. An ihrer Spitze stehen starke Persönlichkeiten mit hohem Durchsetzungsvermögen und damit natürlich auch mit Ecken und Kanten. Sie haben sich etwas vorgenommen und gesagt, das machen wir jetzt. Und vor allem: Sie haben es auch in schwierigen Zeiten durchgezogen, denn schwierige Zeiten hatten sie alle, die heute gefeiert werden.

Ja, man kann gewiss mit Recht sagen, langfristige Wertschöpfung, die sich als wettbewerbsfähig erweist, hängt ab von risikobereiten, innovativen Persönlichkeiten. Von Menschen, die ihre eigene Vision haben und bereit sind, für deren Durchsetzung Zeit, Kraft und Kapital einzusetzen. Die ganz bewusst das volle Insolvenzrisiko für das tragen, was sie unbedingt machen wollen. Sie sind die Triebkräfte der Volkswirtschaft, die heute mehr denn je wieder gebraucht werden.

Dabei kommt es, wie gesagt, überhaupt nicht darauf an, dass die Eigentümer als Manager das Unternehmen leiten – von Generation zu Generation immer weniger. Eines der eindrucksvollsten Beispiele auch dafür ist sicher BMW mit der Aktionärsfamilie Quandt. Der

Erfolg des Münchner Autobauers ist nicht denkbar ohne die großartige Leistung, die Eberhard von Kuenheim als langjähriger Vorstandsvorsitzender vollbracht hat. Er stand als klare Identifikationsfigur für das Unternehmen nach innen und außen, er sicherte die Kontinuität und sorgte für die langfristige Perspektive. Das Ergebnis ist eine Marke mit einem weltweit herausragenden Image.

Die Kapitalgeber sorgen in diesem und in den vielen anderen positiven Beispielen im guten Sinne dafür, dass die Firma anders geführt wird, abseits der Anonymität des Kapitalmarkts. Daran kann man erkennen: Ein Familienbetrieb ist eine andere Art von Kapitalismus, er funktioniert nach anderen Gesetzen. Die Frage, wie bringe ich die Firma in die nächste Generation, eröffnet eine ganz andere Perspektive als das Streben nach einer guten Performance von Quartal zu Quartal.

Familienaktionäre schaffen einen ruhigen Background, weil sie nicht den Ritualen des Kapitalmarkts unterworfen sind, sondern ihre Ziele langfristig verfolgen. Und sie haben einen anderen Bezug zum Unternehmen, weil jede Entscheidung ihr eigenes Geld betrifft. Für jede Investition, ob die Entwicklung eines neuen Produkts, die Eroberung neuer Märkte oder den Bau einer neuen Fabrik, müssen sie erst einmal in die eigene Tasche greifen. Allein daraus ergibt sich schon, dass die Diskussion über die Unternehmenspolitik eine ganz andere ist als die mit finanziell wenig involvierten Aufsichtsräten in großen Kapitalgesellschaften.

In einer bemerkenswerten Studie haben Wissenschaftler am Institut für Familienunternehmen der Universität Witten/Herdecke die Vorteile von Fami-

lienbetrieben herausgearbeitet.[11] Ihr Fazit: »Die Über-
lebensstrategien dieser Mehr-Generationen-Familienunternehmen liefern nicht nur wertvolle Hinweise für
andere Familienunternehmen, aus ihnen können auch
Erfolgsfaktoren für alle Unternehmensformen abgelei-
tet werden.«

Grundlage der umfangreichen Untersuchung sind
eingehende Gespräche mit den Repräsentanten nam-
hafter Familienunternehmen, von August Oetker über
Bernward W. M. Brenninkmeijer bis zum Stuttgarter
Verleger Michael Klett. Sie alle führen Firmen, die seit
Generationen erfolgreich am Markt bestehen.

Allerdings relativieren die Wissenschaftler auch den
Erfolg von Familienunternehmen. Die Statistik spricht
eine deutliche Sprache. In die vierte Generation schaffen es weit weniger als zehn Prozent der Betriebe, eine
verschwindend geringe Minderheit also. Die sind dann
jedoch besonders erfolgreich, erfolgreicher jedenfalls
als »normale« Kapitalgesellschaften.

Nimmt man als Maß dafür zum Beispiel die Dauer,
mit der Unternehmen im Standard&Poor's-Index
gelistet sind, dann zeigt sich: Durchschnittlich sind
Firmen 30 Jahre gelistet, börsennotierte Familienunternehmen dagegen 75 Jahre. Sind langlebige Familienbetriebe also sogar ein Modell, aus dessen Analyse sich
Lehren für das langfristige, wertorientierte Management von Unternehmen generell gewinnen lassen?

Das Urteil der Autoren ist eindeutig. Langfristig
erfolgreiche Familienunternehmen sind nach ihren
Erkenntnissen wesentlich besser bei der Auswahl des
Personals. Sie bringen immer wieder Führungspersön-
lichkeiten hervor, deren Autorität unumstritten ist,
und zwar sowohl bei den Eigentümern als auch bei
den Beschäftigten. Und diese Autorität beruhe darauf,

dass sie das Interesse des Unternehmens vor das persönliche Interesse stellen.

Diese Manager sind durchweg uneitel und bescheiden, keine Stars auf dem Egotrip, sondern Menschen, die sorgfältig ihre Arbeit erledigen und in der Regel ihre Karriere im Betrieb gemacht haben, also eher nach persönlichen Kriterien als nach Universitätszeugnissen ausgewählt wurden.

Diese Bescheidenheit gilt allerdings nicht auf der sachlichen Ebene, wenn es um die Qualität der Produkte, den Kundenservice oder die Position im Markt geht. »Die Uneitelkeit der beteiligten Führungskräfte schützt sie davor, sich die Welt und die Lage des Unternehmens um der eigenen Selbstdarstellung willen schönzureden. Der hohe Anspruch versetzt sie in die Lage, auch harte und unangenehme Konsequenzen zu ziehen und sich mit hinreichender Geduld der Umsetzung als notwendig erachteter Maßnahmen zu widmen«, schreiben die Autoren der Studie.

Den entscheidenden Unterschied sehen sie allerdings in der Finanzierung. Zwei Unternehmenstypen prägen nach Ansicht der Professoren die moderne Gesellschaft seit dem späten 19. Jahrhundert, die börsennotierte Publikumsgesellschaft und die Familiengesellschaft. Und die nur lose Verbindung zwischen Eigentümern und Managern bei Ersteren ließ eine Dominanz des Managements entstehen.

Um diese zu beseitigen, um den Eignern wieder mehr Einfluss zu sichern, wurden besonders im angelsächsischen Raum die verschiedensten Managementmodelle entwickelt. Das populärste und einflussreichste wurde die Shareholder-Value-Theorie. Eine einzige Kenngröße des Kapitalmarkts, kurzfristig an den Partikularinteressen nur einer Gruppe, den Aktionären, orientiert, sollte zum Maß aller Dinge bei der Führung eines Unternehmens werden.

Der Soziologe Lord Ralf Dahrendorf, einflussreicher Wissenschaftler und Mitglied des britischen Oberhauses, hat die Entwicklung bis zu diesem Punkt in einen interessanten historischen Zusammenhang gestellt. »Das Verhältnis von Kapitalismus und Zeit ist ein eigenes Thema von großer historischer Bedeutung«, schreibt er in einem Aufsatz über die soziale Marktwirtschaft.[12] »Der Weg vom Sparkapitalismus über den Konsumkapitalismus zum Pumpkapitalismus hat die Perspektiven der Handelnden immer stärker verkürzt. Für die Entscheidungen eines Hedge-Fonds zählen Stunden.«

Und dann fügt er seinen Überlegungen noch ein entlarvendes persönliches Erlebnis an: »Ich habe einen Chairman zu seinem Board sagen hören: ›Meine Herren, es ist nicht Teil unseres Auftrags, dass dieses Unternehmen in sechs Monaten noch existiert. Wenn es für die Aktionäre besser ist, es zu zerschlagen und die Teile zu verkaufen, dann müssen wir das tun.‹«

Die Theorie des Shareholder Value konnte nicht funktionieren und sie musste vollends zur Farce werden, als der Börsenkurs, also der Wert des Vermögens der Eigentümer, auch noch durch die Aktienoptionen zur Kenngröße für das persönliche Einkommen der Manager wurde. Damit, das möchte ich hier noch einmal betonen, siegten Einzelinteressen endgültig über das Firmeninteresse, schlimmstenfalls konnten verantwortungslose Unternehmensführer sagen: Nach mir die Sintflut.

»Die Meinung, dass der Zweck von Unternehmen der Gewinn sei, ist ebenso alt, wie sie irreführend ist«, sagt der Schweizer Managementprofessor Fredmund Malik.[13]

Man kann es drehen und wenden, wie man will:
Verantwortungsvolle Unternehmensführung funktioniert nicht nach einer Kenngröße des Kapitalmarkts
und sie läuft in die Irre, wenn sie den Interessen einzelner Gruppen folgt, selbst wenn es eine so wichtige
Gruppe ist wie die der Eigentümer/Aktionäre. Es geht
um das Unternehmen, das muss bei allen Überlegungen im Zentrum stehen.

Die Logik – und die Reihenfolge – müssen eindeutig
so sein, wenn das Unternehmen nachhaltig erfolgreich
sein und damit auch am besten den Interessen der
Eigentümer dienen soll: Zuerst kommt der Kunde,
denn der gibt das Geld. Nichts ist so wichtig wie diese
Erkenntnis. Dann kommen die Mitarbeiter, die Werker in der Fabrik genauso wie die Ingenieure, Entwick-
ler und Manager, damit überhaupt ein Produkt entsteht, für das die Kunden ihr Geld ausgeben wollen.
An dritter Stelle kommen die Partner, also die Zulieferer und Dienstleister.

Erst wenn diese drei Ebenen funktionieren, dann hat
auch der Aktionär etwas davon. Und wenn man es so
macht, dann trifft das auch die Bedürfnisse der Gesellschaft.

Weil man nur so handeln kann, wenn man als Manager oder Unternehmer Erfolg haben will, sind die Familienunternehmer auch ein nachahmenswertes Vorbild.
Nicht mehr, aber auch ganz bestimmt nicht weniger. Sie
arbeiten bestenfalls nach den Regeln, die für jede Firma,
gleich welcher Form, die entscheidenden Erfolgsfaktoren sind.

»Im Prinzip versucht jedes börsennotierte Unternehmen, etwas Familienähnliches nachzuahmen«, sagt
Torsten Groth, einer der Autoren der Witten/Herde-
cker Studie. »Das Problem ist nur: Jenen Corporate

Spirit, den Aktiengesellschaften mit Kulturprogrammen, Incentives und Betriebsfesten aufzubauen versuchen, reißen sie mit Aktienoptionsprogrammen fürs Management und ständigem Wechsel in Unternehmensführung und -strategie gleich wieder ein.«

Vor allem aber vergessen sie das Wichtigste: Wenn der Kunde im Mittelpunkt allen strategischen Denkens steht, dann kommt es vor allem darauf an, ein einzigartiges und glaubwürdiges Markenimage aufzubauen. Man darf sich nicht von der Konkurrenz hetzen oder zu unüberlegten Handlungen hinreißen lassen. Ganz im Gegenteil, man muss vor jeder Entscheidung prüfen, ob sie der langfristigen Sicherung des Unternehmenserfolgs dient, ob sie dauerhaft die Kunden begeistert, die Mitarbeiter zufrieden stellt und am Ende natürlich auch den Aktionären nutzt.

Langfristigkeit, Einzigartigkeit und Glaubwürdigkeit – das sind die wichtigsten Zutaten für den Baustoff, mit dem ein dauerhaft tragfähiges Fundament für starke und erfolgreiche Marken geschaffen wird. Warum investieren denn erfolgreiche Unternehmen seit jeher viel Geld in den langfristigen Aufbau von einzigartigen und glaubwürdigen Marken? Ganz einfach: Weil Marken wichtige Orientierungspunkte für die Kunden sind in einer unübersichtlich gewordenen Welt.

Ob die Schrauben von Würth, die Maschinen von Trumpf, die Sägen von Stihl oder die Haushaltsmaschinen von Miele, die Kunden kennen die Marken, sie wissen, was sie bekommen, und sie sind bereit, dafür den Preis zu zahlen. Die Führung des Unternehmens, die spezielle Unternehmenskultur, die in Familienbetrieben besonders ausgeprägt ist, gerinnt am Ende zu dem einen Image, das die Marke beim Kunden hat. Auf Marken können sich die Kunden – zumindest im Idealfall – verlassen. Sie stehen für Solidität, Berechenbarkeit und Beständigkeit, also für Werte, nach denen sich die Menschen in einer Welt sehnen, die sich immer schneller dreht.

Denn viele miteinander vergleichbare Produkte sind längst austauschbar geworden, besonders bei den Konsumgütern. Warum ist das Produkt X etwa besser als das Produkt Y oder Z? Kaum jemand kann das noch entscheiden. Selbst preislich haben sich die Waren häufig so stark angenähert, dass die Differenz kaum noch ins Gewicht fällt.

Wenn es aber kaum noch rationale Kriterien gibt, die dabei helfen, das richtige Produkt auszuwählen, dann müssen die Kunden die Wahl oft genug aus dem Bauch heraus treffen. Sonst ergeht es ihnen wie dem berühmten Esel, der zwischen zwei Heuhaufen stand und verhungerte, weil er sich weder für den einen noch für den anderen entscheiden konnte. Das Image entscheidet am Ende oft genug über die Wahl.

Welches Produkt fällt einem denn spontan ein, wenn man an Hautcreme denkt? Nivea natürlich. Denn sie ist die Urmutter aller Hautcremes. Die runde, dunkelblaue Dose mit dem charakteristischen weißen Schriftzug haben viele von uns schon als Kinder bei den Großeltern gesehen. Auch unsere Eltern haben Nivea benutzt, das Produkt hat uns von Anfang an begleitet. Die Qualität überzeugt seit Generationen.

Das Unternehmen auch. Beiersdorf hat die Kraft seiner Marke früh erkannt und diese wie einige andere weiterentwickelt. Ohne seine starken Marken hätte Beiersdorf nicht so einen großen geschäftlichen Erfolg weltweit gehabt. Sie sind die wahren Kenngrößen einer ganz bestimmten Firmenpolitik, geprägt durch Familieneigner und starke Manager.

Wenn man den Namen Miele hört, fällt einem natürlich sofort die Waschmaschine ein. Seit mehr als einem Jahrhundert baut Miele Waschmaschinen, solide Qualität gepaart mit Innovation. Das hat sich in den Köpfen der Menschen festgesetzt, das prägt die Marke und hebt sie aus dem Wettbewerb hervor. Miele ist so zum Inbegriff deutscher Wertarbeit auf den internationalen Märkten für Hausgeräte geworden. Und das Unternehmen mit zwei Familienstämmen als Gesellschafter zum Inbegriff einer gut geführten Firma.

Die Liste der erfolgreichen Traditionsmarken ließe sich beliebig erweitern und auf sämtliche Branchen ausdehnen, man denke an Persil, Dr. Oetker, Maggi oder Tempo. Sie sind ein Beweis dafür, dass Marken in unserem Alltag einen wichtigen Stellenwert haben und einen immer größeren bekommen werden.

Starke Markenimages werden aber nicht über Nacht gemacht. Sie müssen behutsam und mit großer Sorgfalt über einen längeren Zeitraum hinweg strategisch aufgebaut werden. Erst wenn das gelungen ist, sind sie einzigartig und glaubwürdig und entfalten am Markt ihre volle Wirkung.

Gelingen kann dies aber nur Unternehmen, die nach bestimmten Prinzipien geführt werden. Es gibt sie noch, die weißen Raben, die als Exoten im großen Trendgetriebe auffallen, weil sie etwas anders und doch häufig nur Traditionalisten sind, die sich nicht gleich von jedem neuen Meinungsstrom mitreißen lassen.

Es sind aus gutem Grund häufig genug Familienbetriebe, aber sie müssen es nicht sein. Denn es geht mir, um es noch einmal zu sagen, nicht um Personenkult und auch nicht um eine bestimmte Unternehmensform. Es geht nur um bestimmte Prinzipien, die nicht von Firma zu Firma eins zu eins übertragbar sind, aber

wichtige Bausteine für eine erfolgreiche Unternehmensführung sein müssen. Und wenn es schon um
Kenngrößen geht, mit denen der Erfolg der Unternehmensführung auf den Punkt gebracht werden soll,
dann ist es das Markenimage und nicht der Börsenkurs.

Denn Customer Value geht allemal vor Shareholder
Value.

Werte als Wegweiser

oder:
Woran Man(ager)
sich halten muss

Ohne Geld geht nichts, das ist keine Frage. Gerade ein Unternehmer wird nicht bestreiten können und wollen, dass er seinen Betrieb nur dann erfolgreich führen kann, wenn er die Kosten im Griff hat und die Erlöse fließen. Das Unternehmen muss Kapital ansammeln, um zu investieren, um die Produkte der Zukunft zu entwickeln, um neue Märkte zu erobern und natürlich auch, um Reserven für schlechte Zeiten zu haben.

Zu einem verantwortlichen Management gehört ohne Zweifel, dass die Produktionsprozesse permanent auf dem Prüfstand stehen, dass rationalisiert wird, um die Wettbewerbsfähigkeit zu erhalten. Denn in einer globalisierten Welt haben Unternehmen nur dann eine sichere und unabhängige Zukunft, wenn sie sich anhaltend gegen die internationale Konkurrenz behaupten können.

Aber es stellt sich die Frage: Sind manche Manager nicht zu extrem im Denken? Es mag betriebswirtschaftlich plausibel sein, wenn eine hochprofitable Großbank die Rendite auf das Eigenkapital auf 25 Prozent steigern will und deshalb noch einmal mehr als 6000 Stellen im Unternehmen streicht. Für die Mitarbeiter ist es eine Katastrophe.

Es mag der rechnerischen Logik global operierender Konzerne entsprechen, wenn ein deutscher Autozulieferer Jahr für Jahr Rekordergebnisse ausweist und eine entsprechende Dividende zahlt, ein profitabel arbeitendes heimisches Werk aber schließt, nur weil es anderswo auf der Welt Menschen gibt, die für weniger Geld arbeiten. Man wird das den Mitarbeitern, die demnächst auf der Straße stehen, obwohl sie zu Zugeständnissen bereit sind, kaum erklären können. Und deren Familien noch weniger.

Genauso verhält es sich mit dem ausländischen Hersteller von Küchengeräten, der ein traditionsreiches und ohne Verlust arbeitendes Werk in einer strukturschwachen Region Deutschlands schließt. Mitarbeiter, Landes- und Regionalpolitiker, die monatelang mit der fernen Konzernleitung um die Erhaltung kämpfen und dabei ebenfalls zu Zugeständnissen bereit sind, werden kaum Verständnis dafür aufbringen können. Schließlich geht es um die Existenz der Arbeitnehmer. Selbst wenn sie wollten, so schnell wie das Kapital können sie sich und ihr Hab und Gut nicht von einem Standort zum nächsten bewegen.

Unbestechliche kapitalistische Rationalität wird es auch sein, wenn zwei große deutsche Pharmakonzerne fusionieren und als Erstes verkünden, dabei gingen 6000 Arbeitsplätze verloren. Normal ist offenbar: Wenn fusioniert wird, rollen Köpfe. Warum kann eine Fusion nicht zusätzliche Arbeitsplätze bringen, warum steht nicht am Anfang die Frage, mit welchen Ideen neue Märkte erobert werden können, um mehr Menschen zu beschäftigen? Oder zumindest keine zu entlassen?

Die Unternehmensführer fühlen sich offensichtlich verpflichtet, einer anonymen Kapitalseite, der Börse, den Analysten, zu erklären, welchen Vorteil sie kurzfristig sehen. Und das erklären sie mit den so genann-

ten Synergien, mit anscheinend exakten Millionen-
beträgen, die sich beim Abbau einer bestimmten Zahl
von Arbeitsplätzen ausrechnen lassen.

Der Kapitalmarkt setzt die Renditeziele und die
Investoren, also die anonymen Geldgeber, die Aktien
mit einem Mausklick am Computer kaufen oder ver-
kaufen, orientieren sich an den weltweit rentabelsten
Unternehmen. Wer weniger bringt, der verliert, ob er
Verluste macht oder nicht.

Geld ist das Einzige, was zählt, das ist nicht mehr
normal. Aber welchen Beitrag bringt das Geld für die
Entwicklung des Betriebs? Es wird einmal kassiert und
wenn es nicht investiert wird, bleibt die Wirkung gleich
null. Aber was nützt denn das Geld, gehäuft an einer
Ecke dieser Erde, wenn man nur wie die Comicfigur
Dagobert Duck darin herumschwimmt und es sich auf
den Kopf prasseln lässt? Das bringt gar nichts, das ist
die völlig falsche Denkweise.

Nur mit neuen Produkten, mit neuen Märkten, letztendlich also mit dem Know-how von Menschen, vermehrt sich das Geld weiter. Am Ende kommt es darauf
an, das kann man angesichts der Entwicklungen in der
Wirtschaft nicht oft genug betonen, Produkte zu schaffen, die Kunden als erstrebenswert ansehen und die in
der Gesellschaft auf Zustimmung stoßen.

Nur so kann ein Unternehmen erfolgreich sein und
gute Gewinne einfahren, gegen die niemand etwas
haben kann. Dann wird auch niemand Kritik üben,
wenn das Management gut, ja sogar sehr gut bezahlt
wird und Millionen verdient. Leistung, wenn sie denn
richtig definiert ist, muss sich sicher lohnen. Ich verstehe aber, dass die Leute auf die Barrikaden gehen,
wenn in manchen Unternehmen der Gewinn und
der Aktienkurs drastisch sinken, die Führungsmann-

schaft aber steigende Einkommen kassiert. Jeder kennt Konzerne, bei denen es solche Fehlentwicklungen gegeben hat. Sie können unser ganzes System in Verruf bringen.

Denn in den vergangenen Jahren wurde Leistung allzu häufig völlig falsch definiert. Wie sonst kann es sein, dass die Vergütung des Managements steigt, nur weil die Kosten gesenkt, Arbeitsplätze gestrichen und Mitarbeiter entlassen werden? Gutes, erfolgreiches Management ist mehr als nur Kostenkontrolle, das habe ich im vorigen Kapitel versucht, deutlich zu machen.

Auch bei mancher grenzüberschreitenden Fusion hat man den Eindruck, sie sei nichts weiter als eine willkommene Begründung für das Management, das eigene Einkommen amerikanischen Vorbildern anzupassen. Immer nach dem Motto: wenn schon amerikanische Managementmethoden, dann bitte schön auch amerikanische Gehälter.

Das Land der unbegrenzten Möglichkeiten machte auch da seinem Ruf alle Ehre. Während Millionen Amerikaner im Vertrauen auf Fondsmanager umfangreiche Teile ihrer Altersversorgung verloren, kassierten etliche Chefs großer Konzerne dreistellige Millionensummen pro Jahr.

Viele Kleinanleger, die auch in Deutschland kräftig Lehrgeld an den Börsen gezahlt hatten, konnten mit ansehen, wie die Chefs eines traditionsreichen deutschen Unternehmens mit Millionen als »Erfolgsprämie« bedient wurden, nachdem die Firma von einem britischen Konkurrenten geschluckt worden war. Selbst nicht mehr aktive Manager ließen sich Millionen überweisen, während die Mitarbeiter gleichzeitig um ihre Jobs bangten.

Das unrühmliche Nachspiel vor deutschen Gerichten sorgte schließlich auch nicht unbedingt dafür, das Vertrauen in die Wirtschaftselite und den Glauben daran zu stärken, dass es noch andere Werte gibt als Geld. Was ist der Zweck von Unternehmen? Anscheinend aus Geld nur noch mehr Geld zu machen. Achtung vor der Leistung im Betrieb, vor den Menschen, die den betrieblichen Mehrwert schaffen? Fehlanzeige!

Selbst der britische *Economist*, ein sicher nicht der Sozialromantik verdächtiges Wirtschaftsblatt, schrieb, das Kernproblem des Kapitalismus sei die Entlohnung der Manager. Dort tritt am deutlichsten das Dilemma unserer Zeit zutage. Nicht nur ein Unternehmen, sondern die Gesellschaft insgesamt muss sich fragen: Wollen wir ausschließlich das Kapital bestimmen lassen oder wollen wir andere Werte?

Der Schweizer Managementtheoretiker Fredmund Malik bringt auch in diesem Zusammenhang die fatale Entwicklung auf den Punkt: »Was sich unter dem Namen ›Neoliberalismus‹ präsentiert, ist kein Kapitalismus, sondern ein primitiver Geldökonomismus. Ein System, in dem alles auf eine einzige Kategorie, nämlich Geld, reduziert wird, in Geld wahrgenommen und in Geld bewertet wird. Geld, nicht Kapital, dominiert Denken und Handeln.«[1]

Echte Liberale wie Adam Smith oder Friedrich August von Hayek würden zwar immer wieder missbraucht und missverstanden als Kronzeugen des Neoliberalismus, seien aber nichts weniger als das. »Echter Liberalismus verlangt nicht, dass alle Ziele der Wirtschaft unterstellt werden sollen«, sagt Malik völlig zu Recht. Echter Liberalismus stelle, ganz im Gegenteil, die Wirtschaft ausdrücklich in den Dienst der Gesellschaft. Viele einflussreiche Gegner könnten für ein freies Wirtschaftssystem gewonnen werden, Künstler, Intellektuelle und nicht zuletzt auch viele junge Menschen, würde nicht alles einer rein ökonomischen Ratio unterzogen, die dann auch noch so erschreckende Folgen verursacht.

So aber stellen sich immer mehr Menschen die Frage, ob Geld allein die Welt regiert. Die mahnenden Stimmen wurden und werden immer lauter. »Wo Spekulation und Leichtfertigkeit Unternehmen und Banken in Gefahr gebracht haben, wo deshalb die Versuchung zum Verbergen und Vertuschen, zur Täuschung und zum Betrug sich ausbreitet, dort stehen wir am Rande des Verfalls. Wo Kapitalismus und Moral sich gegenseitig ausschließen, dort stecken wir bereits tief im Sumpf«, schrieb der ehemalige Bundeskanzler Helmut Schmidt, auch kein naiver Moralapostel, sondern ganz im Gegenteil ein profunder Kenner der Weltwirtschaft.[2] Wiederholt hatte der Elder Statesman, dessen Wort aufgrund seiner ökonomischen Kompetenz besonderes Gewicht hat, schon vorher vor dem neuen »Raubtierkapitalismus« gewarnt.

Auch John Kenneth Galbraith, der im Frühjahr 2006 verstorbene große alte Mann der Wirtschaftswissenschaften in den Vereinigten Staaten, einer der renommiertesten und meistgelesenen Ökonomen des vergangenen Jahrhunderts, der dem US-Präsidenten John F. Kennedy als Botschafter diente und mehrere andere Präsidenten bis zu Bill Clinton beriet, warnte vor der »Diktatur der Manager«. »Legale Selbstbereicherung in Höhe von vielen Millionen US-Dollar ist die gängige Praxis in der modernen Unternehmensführung«, schrieb er.[3] Und als Konsequenz warnte er: »Die öffentliche Akzeptanz der Konzerne schwindet und ihre beherrschende Stellung wird zusehends als eine Bedrohung für die gesamtwirtschaftliche Wohlfahrt wahrgenommen.«

Schon in seinem Hauptwerk *The affluent society* (*Gesellschaft im Überfluss*) forderte er einen aktiven Sozialstaat und auch sein letztes Buch *Die solidarische Gesellschaft* war ein flammendes Plädoyer für eine moderne soziale Marktwirtschaft, die den Menschen wieder zum Maßstab politischen Handelns machen sollte. Denn, so die schlichte Quintessenz des großen Widerparts der Neoliberalen: »Solange es Beschäftigungsmöglichkeiten gibt, so lange herrscht sozialer Friede.«[4]

Tatsächlich aber ist die Entwicklung in die entgegengesetzte Richtung gelaufen, und die Menschen haben dafür immer weniger Verständnis. Ende 2005 veröffentlichte die angesehene Wochenzeitung *Die Zeit* einen sehr interessanten Artikel. Der Text und vor allem die Reaktionen darauf zeigen, wie weit Unverständnis, ja Verärgerung inzwischen gediehen sind. Keine Spur davon, kritische Intellektuelle und Künstler für ein freiheitliches Wirtschaftssystem einzunehmen – ganz im Gegenteil.

Auf der ersten Seite kommentierte der Literaturchef das Verhalten von Unternehmern in Deutschland.[5] Seine Klage gegen mich und meine Kollegen: »Wenn ein Unternehmen Verluste macht, lautet die Antwort: Entlassungen. Wenn ein Unternehmen Gewinn erzielt, lautet die Antwort neuerdings erst recht: Entlassungen.«

Als Fazit seiner Polemik gegen eine neue Generation von Unternehmern, die auch nach seiner Ansicht bedenkenlos auf das ökonomische Kalkül fixiert ist und so mit dem sozialen Frieden spielt, formulierte der Autor folgende These: »Der Chef eines Unternehmens trägt für jene, die von ihm abhängen, Verantwortung. Man muss nicht brennende Vorstädte abwarten, um endlich zu erkennen, dass erfolgreiches Wirtschaften eine gedeihliche Gesellschaft benötigt.«

Die Reaktion der Leser, in der Mehrheit sicher einem gebildeten Milieu zuzurechnen, zeigte, wie sehr der Journalist die Stimmung im Land getroffen hatte. So intensiv wie nur selten wurde das Thema anschließend auf den Internetseiten des Blatts diskutiert. Sicher nicht repräsentativ, dafür aber eindeutig:

»Anstand in der (kapitalistischen) Wirtschaft?«, fragte etwa ein Leser und lieferte gleich seine klare Meinung hinterher: »Das ist so etwas wie ein eckiger Kreis oder ein rundes Quadrat. Ein Träumer (oder Profiteur), der das glaubt oder auch nur für möglich hält.« Und ein anderer Leser befand: »Shareholder Value, Gewinnmaximierung und Wirtschaftsanarchismus, diese Begriffe werden unsere Nachkommen mit unserer Zeit verbinden«.

Natürlich sind solche Meinungsbilder zufällig. Dennoch würde man es sich zu leicht machen, wollte man sie mit diesem Argument einfach beiseite wischen. Denn sie werden auch durch repräsentative Untersuchungen bestätigt und untermauert.

Eine Umfrage des Instituts für Wirtschaftsethik der renommierten Universität St. Gallen über soziale Verantwortung der Wirtschaft förderte 2004 bemerkenswerte Ergebnisse zutage: Gut ein Drittel der Bürger in Deutschland ist der Meinung, dass Betrug und Täuschung in Unternehmen zur Tagesordnung gehören. Und sogar knapp zwei Drittel meinen, in den Führungsetagen herrsche hinsichtlich des Themas soziale Verantwortung echte Ratlosigkeit.[6]

Gut die Hälfte immerhin glaubt, dass Großunternehmen dabei einen größeren Nachholbedarf haben als kleinere. Was die allgemeine These stützt, dass gerade lokal und regional verankerte Familienbetriebe überwiegend als sozial verantwortlich in ihrem Verhalten wahrgenommen werden.

Mit weitem Abstand an erster Stelle steht bei nahezu 80 Prozent der Befragten die Erwartung, dass sich die Unternehmen um ihre Mitarbeiter kümmern, insbesondere dann, wenn sie Hilfe benötigen, wie bei Krankheiten oder familiären Problemen. Aber drei Viertel meinen auch, Betriebe sollten sich um allgemeine gesellschaftliche Probleme wie Armut, Kriminalität oder Bildung kümmern, insbesondere auch in der Region rund um den Firmenstandort.

Ganz anders aber fällt das Urteil aus, wenn nach dem tatsächlichen Verhalten von Unternehmen gefragt wird. Eine gute bis sehr gute Leistung wird ihnen von mehr als 80 Prozent der Befragten nur bescheinigt, wenn es um ihre Produkte und Leistungen geht. Ebenso viele aber urteilen mit »eher schlecht oder sehr schlecht«, wenn es sich um die Schaffung von Arbeitsplätzen handelt, und immerhin noch fast 70 Prozent sind dieser Meinung, wenn es ums Steuerzahlen geht.

Die Bilanz ist eindeutig, daran lässt sich nichts beschönigen. Immer mehr Menschen glauben offenbar, was ein Politiker einmal so formulierte: Zu Zeiten von Ludwig Ehrhard und dem Beginn der sozialen Marktwirtschaft in Deutschland habe noch für jeden Einzelnen die Maxime gegolten, wenn es der Wirtschaft gut geht, geht es auch mir gut. Heute laute die Gleichung: Geht es der Wirtschaft gut, geht es mir schlecht.

Dabei sollte es eigentlich ganz einfach sein. Selbstverständlich ist »Marktwirtschaft für die Gesellschaft« da, das ist meine feste Überzeugung. Aber ein großer Teil der Bevölkerung sieht das offensichtlich ganz anders: Sie glaubt, die Wirtschaft habe sich zum Selbstzweck erhoben, sie dominiere die Gesellschaft und halte sich häufig nicht einmal mehr an Recht und Gesetz.

Natürlich sind solche kritischen Töne nicht neu. Das Misstrauen gegen die Wirtschaft und die Manager, gegen Bosse und Bonzen, hat es in Deutschland immer gegeben. Der österreichische Satiriker Karl Kraus soll einem angehenden Studenten schon Anfang des vorigen Jahrhunderts auf die Frage, ob er Wirtschaftsethik studieren solle, geantwortet haben: »Junger Mann, Sie müssen sich schon entscheiden!« Es herrscht seit jeher so etwas wie ein unterschwelliger Grundkonsens, dass jemand, der sich erfolgreich in der Wirtschaft bewegt, sich nicht nach den Regeln von Moral und Anstand verhalten kann, ja manchmal nicht einmal nach Recht und Gesetz.

Wir Manager haben in den vergangenen Jahren kräftig und nachhaltig dazu beigetragen, negative Urteile – und Vorurteile – immer wieder aufs Neue zu bestätigen, wie ich in den vorangegangenen Kapiteln gezeigt habe. Keineswegs nur durch üppige Bezahlungen, die oft genug nichts mit der Leistung zu tun haben. Es ging auch abseits dieses populären Themas häufig nur um Korruption, Vetternwirtschaft und Selbstbedienung – eine Hand wäscht die andere und keiner macht sich schmutzig. Für Gesetzesbrecher ist die Justiz zuständig. Aber was ist mit denen, die ohne Rücksicht auf gesellschaftliche Belange den kurzfristigen Gewinn mit allen Methoden maximieren, und die der *Zeit*-Redakteur »Ministranten des Kapitals«

nennt? Bei denen ganz legales Profitstreben einhergeht mit grenzenlosem Zynismus?

Wie anders als Zynismus soll ich es nennen, wenn Unternehmen keine Steuern zahlen, weil sie Gewinne gerade dorthin verschieben, wo es am günstigsten ist? Und was ist es anderes, wenn Firmen einer reifen Industrie gutes Geld verdienen, gleichzeitig aber auch ganz selbstverständlich alle verfügbaren Subventionen einstreichen?

Ist es so abwegig, dass der Begriff »Heuschrecken« so lebhaften Widerhall in der Bevölkerung findet, wenn große Unternehmen in einem Atemzug verkünden, dass sie Milliarden verdienen und gleichzeitig tausende von Arbeitsplätzen streichen wollen? Es kann auch nicht angehen, dass das Filetieren von Betrieben Schule macht. Hinter vielen feindlichen Übernahmen, insbesondere von so genannten Finanzinvestoren, steht doch nur der Drang, mit wenig Aufwand schnell das Tafelsilber eines Unternehmens zu plündern und den Rest dann wegzuwerfen.

Diese Mentalität stört mich gewaltig, außerdem ist das volkswirtschaftlich ein Minusgeschäft. Wir verlieren dadurch Beschäftigung und zerstören das, was sich über Jahrzehnte harmonisch gefügt hat. In unserem Grundgesetz steht: Eigentum verpflichtet. Diesen Satz sollte sich jeder Aktionär anschauen, der meint, er könne sich über alles hinwegsetzen.

Auch mit den Auswüchsen an den Börsen zu Beginn dieses Jahrtausends haben Banker und Aktienhändler der Glaubwürdigkeit der Marktwirtschaft enormen Schaden zugefügt. Die Banken haben in vielen Fällen nicht geprüft, wen sie da an die Börse bringen. Es hat keiner gefragt: Wann können die Unternehmen, die da am Neuen Markt notiert sind, Gehälter, Mieten und andere Fixkosten zahlen? Sind sie überhaupt existenzfähig? Am Ende blieb nur ein Scherbenhaufen, die Sparbücher von vielen Menschen waren abgeräumt, das Geld größtenteils in anderer Leute Hände.

Es war der Lockruf des großen Geldes. Wer hat dabei die großen Gewinne gemacht? Zunächst einmal die Banken, die mit den Börsengängen viel Geld reingeholt haben. Danach kam der große Katzenjammer, und bis heute haben wir uns von diesem Desaster noch nicht wieder erholt. Ganz im Gegenteil: Großen Teilen der Bevölkerung ist die soziale und rechtliche Orientierung abhanden gekommen. So zeigt eine 2001 begonnene und auf zehn Jahre angelegte Langzeitstudie der Universität Bielefeld, deren Zwischenergebnisse jährlich präsentiert werden, dass die Deutschen immer ängstlicher und orientierungsloser werden.[7]

Seit dem Beginn der Studie sind die Ängste in der Bevölkerung um die eigene soziale Situation stark angestiegen. Mehr als 60 Prozent der Befragten geben inzwischen an, ihnen fehle die gesellschaftliche und politische Orientierung, wo man selbst stehe und was zu tun sei. Besonders alarmierend ist, dass dies inzwischen ganz offensichtlich nicht mehr nur für Randgruppen der Gesellschaft gilt, sondern auch in der politischen und sozialen Mitte.

Der ehemalige Bundespräsident Johannes Rau hat diese Entwicklung und ihre Ursachen sehr genau in seiner letzten Berliner Rede im Mai 2004 beschrieben.[8] »Der Vertrauensverlust in unserem Land hat aber auch ganz handfeste Gründe«, sagte er damals. »Wir müssen zum Beispiel erleben, dass einige, die in wirtschaftlicher oder öffentlicher Verantwortung stehen, ungeniert in die eigene Tasche wirtschaften. Das Gefühl für das, was richtig und angemessen ist, scheint oft verloren gegangen zu sein. Egoismus, Gier und Anspruchsmentalität in Teilen der so genannten Eliten schwächen auch das Vertrauen in die Institutionen selber, wenn deren Repräsentanten offenbar alle Maßstäbe verloren haben.«

Als Fazit stellte der oberste Repräsentant des Staats fest: »Häufig glauben die Bürgerinnen und Bürger einfach nicht mehr, was sie hören und sehen. Sie machen zu oft die Erfahrung, dass man vielem, was in der Öffentlichkeit gesagt wird, nicht trauen kann. Es ist auch kein Ausweis des Vertrauens, wenn über manche, die in der Öffentlichkeit stehen, gesagt wird: ›Denen ist alles zuzutrauen.‹«

Das entsprechende Meinungsbild spiegeln einschlägige Umfragen in aller Deutlichkeit wider. Topmanager und Politiker rangieren regelmäßig auf den letzten Plätzen, wenn Bundesbürger gefragt werden, wem sie vertrauen.

Die mangelnde soziale Sensibilität von Unternehmen und ihrem Führungspersonal ist aber nur ein Teil eines viel breiteren Trends, der die Gesellschaft in Deutschland und vielleicht in allen Industrieländern mehr oder weniger stark beherrscht: Überall scheint die gesellschaftliche Moral zu verfallen, nicht nur in den Betrieben, sondern auch in der Politik und im Alltag der Menschen – im Großen wie im Kleinen.

Der Profitsucht, den Massenentlassungen und Millionenabfindungen in der Wirtschaft entsprechen schwarze Parteikassen, unsaubere Nebenjobs und eine üppige, beitragsfreie Altersversorgung in der Politik. Bei der Steuererklärung gilt der Ehrliche wirklich als der Dumme, Täuschen und Tricksen werden als Ausdruck von Cleverness verstanden, Egoismus und Mitnahmementalität als Tugenden wahrgenommen, die zum Überleben im entfesselten Kapitalismus unverzichtbar sind.

Sehen wir uns doch einmal um: Fast jeder Handwerker hat doch heute einige offene Rechnungen in der Buchhaltung liegen, die vom Auftraggeber nicht bezahlt werden. Und selbst im Privatleben ist man gut beraten, jede einzelne Rechnung Posten für Posten durchzugehen, um nicht für Leistungen zu bezahlen, die man gar nicht bekommen hat.

Die Quintessenz ist eindeutig: Jeder ist sich selbst der Nächste, allgemein gültige Werte wie Ehrlichkeit, Fairness, Verantwortung, Pflichtgefühl oder Gerechtigkeit, die dem Einzelnen Halt und Orientierung geben, verlieren immer mehr an Gewicht. Kein Wunder, dass Studien wie die der Uni Bielefeld eine zunehmende Verängstigung und Orientierungslosigkeit feststellen.

»Die Moral der Deutschen scheint auf einen Bierdeckel zu passen, ein Wertevakuum im Land sich so rapide auszuweiten wie das Ozonloch über der Antarktis«, schreibt der *Stern* zum Auftakt einer Serie über die »Neue Sehnsucht nach Werten«.[9] Ebenso schnell wie die gefühlte Leere wachse die Sehnsucht, ihr etwas entgegenzusetzen.

Es ist alles andere als eine Überraschung, wenn allenthalben zu beobachten ist, wie der Wunsch nach Rückbesinnung auf so genannte alte Werte wächst. Wenn Millionen Anteil nehmen am Tod des alten und an der Wahl des neuen Papstes oder sich auf öffentlichen Plätzen drängeln, wenn Benedikt XVI. Deutschland aus Anlass des Weltjugendtags besucht, dann zeigt dies, dass sie offensichtlich etwas suchen, was in der Gesellschaft mehr oder weniger verloren gegangen ist.

In das allgemeine Bild passt dann auch, dass große Magazine und Illustrierte in Deutschland Titel und sogar Serien über das Thema verfassen. Trendforscher haben längst ein »Comeback der Werte« ausgemacht und der Blick in die Regale der Buchhandlungen zeigt einschlägige Titel wie *Sag mir, wo die Werte sind* oder *Zeit zu handeln. Den Werten einen Wert geben.*

Es wird in unserem Land wieder viel diskutiert über Werte und Wertordnungen, über Wertewandel und Werteverfall. Und natürlich ist das auch ein Thema für die Präsidenten der Republik. So forderte etwa Altbundespräsident Roman Herzog »Vorfahrt für Werte« und Horst Köhler, als Nachfolger von Johannes Rau seit 2004 im Amt, erklärte in einem Interview klipp und klar: »Wirtschaft braucht ethische Fundierung. Deshalb wird der Bundespräsident als Ökonom auch über Ethik reden.«[10] Und an die Manager gerichtet: »Unternehmertum ist Wert schaffen auf der Basis moralischer Werte.«

Unsere Gesellschaft lebt davon, dass man sich orientieren kann, eine Werteskala hat und weiß, dass es ein gesellschaftliches Grundverständnis gibt. Dieses Grundverständnis scheint verloren gegangen zu sein, wie zum Beispiel auch die Werbung mit dem Satz »Geiz ist geil« so klar demonstriert, wie es deutlicher nicht geht.

Geiz ist nach religiösem Verständnis eine Todsünde, er zerstört die Werteskala und schafft dann Desorientierung. Einmal abgesehen davon, dass Geiz nicht unbedingt eine Tugend ist, die wir unseren Kindern beibringen müssten, hat eine solche Kampagne noch viel schlimmere Folgen. Denn »Geiz ist geil« heißt nichts anderes als »Billig ist gut«, und billig zerstört die gesellschaftliche Anerkennung für Arbeit. Wer als Werker täglich suggeriert bekommt, dass das, was er mit seiner Hände Arbeit schafft, nur durch Verramschen zu Kleingeld gemacht werden kann, verliert jegliches Wertgefühl. Konkret: Es geht eine Werteordnung kaputt, in der Arbeit eine wichtige Rolle spielt.

Arbeit ist die entscheidende Existenzgrundlage, an ihrem Wert bemisst sich die Stellung der Menschen in unserer heutigen Gesellschaft. Sie vor allem stiftet Identität und Lebenssinn. Wer den Wert der Arbeit nicht achtet und als Manager in den Mittelpunkt seiner Überlegungen stellt, zerstört das Fundament der Gesellschaft. Denn Identität brauchen wir als Individuum und als Gesellschaft.

Hinzu kommt, dass der Staat es in den vergangenen Jahren häufig versäumt hat, die richtigen Regeln zu setzen, von denen auch die richtigen Signale ausgehen. Wieso ist in Europa ein Liter Milch billiger als ein Liter Cola? Nichts gegen Cola, aber wie kann das sein? Ein industriell hergestelltes Produkt ist teurer als Milch, die mit viel Mühe produziert werden muss. Die Menschen müssen sich doch zwangsläufig die Frage stellen: Was ist Arbeit wert? Wie honoriere ich Arbeit?

Doch worauf kommt es darüber hinaus an in einer modernen Welt, in einer offenen Gesellschaft, die sich internationalen Einflüssen und Trends ja nicht entziehen kann? Welche Werte sind den Menschen wichtig, welche geben ihnen Halt und Orientierung? Neue Werte sind es jedenfalls nicht, ganz im Gegenteil, es findet fast ausschließlich eine Rückbesinnung auf alte, tradierte Werte statt.

Dies zeigt sich ganz deutlich in einer repräsentativen Umfrage zu der bereits erwähnten *Stern*-Serie. Mehr als 90 Prozent der Befragten halten jeweils die Werte »Ehrlichkeit und Fairness«, »Gerechtigkeit«, »Treue und Verlässlichkeit« sowie »Verantwortung und Pflichtbewusstsein« für wichtig. Immerhin noch mehr als 80 Prozent sind dieser Meinung bezüglich »Respekt und Anstand«, »Solidarität und Mitgefühl« sowie »Courage«.

Etwas differenzierter fallen die Antworten aus, wenn es darum geht, ob die Befragten meinen, die jeweiligen Werte würden ihnen auch im Leben weiterhelfen. Gut 90 Prozent glauben das immerhin von »Verantwortung und Pflichtbewusstsein«, mehr als 80 Prozent noch von »Treue und Verlässlichkeit« sowie »Respekt und Anstand«. Nur noch um die 70 Prozent glauben, dass »Courage«, »Gerechtigkeit« oder »Ehrlichkeit und Fairness« heutzutage hilfreich sein können.

Selbst wenn man sich aber auf alte Werte besinnt, sie müssen neu definiert und den Bedingungen der Gegenwart angepasst werden – so wie das immer der Fall war. Und immer, das lässt sich im *Stern* gut nachlesen, gab es auch Diskussionen, wie zum Beispiel über die richtige Interpretation des Begriffs Ehrlichkeit. Schon Immanuel Kant und Niccolò Machiavelli waren da unterschiedlicher Meinung. Während der Moralist aus Königsberg auf strikter Ehrlichkeit in allen Lebenslagen bestand, hielt der Staatsphilosoph aus Florenz sie nicht für besonders hilfreich, wenn man etwas erreichen wolle in dieser Welt.

Ganz besonders deutlich wird die Notwendigkeit zu einer Neuinterpretation aber bei der Gerechtigkeit. Noch immer bestehen Politiker und Gewerkschafter darauf, dass Gerechtigkeit vor allem als Verteilungsgerechtigkeit interpretiert wird. Als willkommenes Argument dient ihnen, nicht immer völlig unberechtigt, die Kritik an hohen Managergehältern. Doch Gerechtigkeit hat auch andere Dimensionen als nur die Korrektur der im Wirtschaftsprozess erzielten Ergebnisse nach sozialen Kriterien, so wichtig das auch nach wie vor ist.

In Deutschland stellen sich gerade in der Sozialpolitik aber noch andere Fragen: Wann läuft ein zu großzügiger Sozialstaat Gefahr, den Anreiz zur Eigenverantwortung zu untergraben? Und wann ist er richtig dosiert, um »Hilfe zur Selbsthilfe« zu geben?

Unbestritten ist heute, dass bei einer zeitgerechten Interpretation auch die so genannte Generationengerechtigkeit berücksichtigt werden muss. Denn es ist natürlich alles andere als gerecht, wenn die Systeme der Altersversorgung im Umlageverfahren finanziert werden und immer weniger junge Leute, die von dem System nicht mehr in bisherigem Maße profitieren können, immer mehr Alte finanzieren müssen.

Schließlich ist in einer dynamischen Welt auch die Chancengerechtigkeit von großer Bedeutung, wichtiger möglicherweise als die Verteilungsgerechtigkeit. Denn es ist nicht nur ein Grundgebot für eine offene und gerechte Gesellschaft, dass alle Menschen die Chance haben müssen, an der ökonomischen und gesellschaftlichen Entwicklung entsprechend ihren Fähigkeiten teilzunehmen, sondern es ist auch eine volkswirtschaftliche Notwendigkeit in einer Wirtschaft, deren wichtigster Rohstoff das Wissen und die gute Ausbildung der Menschen sind.

Nur in einer neuen Definition können also die traditionellen Werte, auf die sich die Menschen angesichts der rasanten Veränderungen in der Welt wieder besinnen, auch ihre politische und soziale Funktion zurückerhalten.

Dafür ist noch etwas wichtig, wie der Berliner Philosoph Wilhelm Schmid in der *Stern*-Serie erklärte. Ob sich aus den individuellen Wertanschauungen »am

Ende wieder so etwas wie ein Orientierungsrahmen für die Gesellschaft entwickelt, wird von zweierlei abhängen: Erstens von dem Vorbildverhalten der politischen und wirtschaftlichen Eliten, das für die Gesellschaft eine ähnliche Bedeutung hat wie das der Eltern für ihre Kinder. Zweitens vom öffentlichen Gespräch.«

Wir müssen über die Themen diskutieren, die allen unter den Nägeln brennen. Und selbstverständlich ist es einem Politiker wie dem Sozialdemokraten Franz Müntefering auch erlaubt, seine Kritik am real existierenden Kapitalismus und an den heimatlos herumvagabundierenden Finanzinvestoren, die nur auf schnelles Geld aus sind, mit dem Schlagwort »Heuschrecken« zu würzen. Wenn sich der Papst entsprechend äußern würde, bekämen doch alle feuchte Augen.

Unternehmen und Manager müssen aber aktiv an der politischen Diskussion und der Entscheidungsfindung teilnehmen und konstruktive Vorschläge für Reformen liefern. Selbstverständlich dürfen wir dabei nicht nur jammern über Steuerbelastungen und Gesetzesfesseln, nicht nur fordern, dass die Tarifverträge aufgeweicht und die Sozialausgaben gekürzt werden. Die Bürger werden aufgefordert, ihre Anspruchshaltung zu überdenken, während die Firmen jedes Schlupfloch nutzen – so geht es bestimmt nicht.

Was soll denn die Bewohnerin eines Altenheims denken, die zum wiederholten Mal auf eine Erhöhung ihrer Rente verzichten muss, oder der arbeitslose Familienvater aus den neuen Bundesländern, der sich finanziell immer stärker einschränken muss? Befremdlich muss das auch für den kleinen Handwerksbetrieb sein, der ohne Subventionen und Steuervorteile mit Mühe und Not über die Runden kommt, oder den Angestellten, den beim Blick auf Steuern und Abgaben auf seinem Gehaltszettel oft das Grausen überfällt.

Wir Unternehmer können doch nicht ständig den Standort schlecht reden, aber selbst nicht den geringsten Vorschlag machen, wie die tatsächlich bestehenden Probleme gelöst werden können. Wir sollten uns vielmehr auch fragen, welche Opfer wir bringen können. Nach den Irrungen und Wirrungen des Shareholder Value, der kurzfristigen Börsennotierung, der Fusionitis und der Suche nach möglichst billigen Standorten im Ausland müssen Unternehmen wieder verlässliche Partner in der Gesellschaft werden, in der sie zu Hause sind.

In Zeiten, in denen die Bürger in Deutschland nahezu täglich mit neuen Hiobsbotschaften über schmerzliche Einschnitte im Sozialsystem konfrontiert werden, ist auch die Wirtschaft in der Pflicht, Konzepte und Ideen auf den Tisch zu legen. Wer Wasser predigt, darf keinen Wein trinken, sonst ist das Vertrauen futsch. Auch in kritischen Phasen, hart am Rand der Pleite etwa, dürfen einmal festgelegte Werte nicht über Bord gehen. Ist der Kredit verspielt, ist der Imageschaden irreparabel.

Nur wenn die Bürger sehen, dass die Wirtschaftsführer dieser Republik sich in die Pflicht nehmen lassen und die hohen Ansprüche, die sie gegenüber anderen haben, zunächst und vor allem auf sich selbst und ihre Unternehmen beziehen, werden sie auch das Vertrauen zurückgewinnen und ihr arg ramponiertes Image verbessern. Nur dann bekommen wir die breite Unterstützung, die wir brauchen, um die großen Herausforderungen der Zukunft zu bestehen. Wir dürfen nicht nur reden und fordern, sondern wir müssen ganz konkret in unseren Firmen zeigen, was wir wollen und was wir uns vorstellen.

Solche Überzeugungen haben meine Arbeit und meine Entscheidungen als Chef von Porsche von Anfang an sehr stark geprägt. Ich habe die Verantwortung in der schwierigsten Zeit des Unternehmens übernommen, wir standen am Rande des Abgrunds. Ich werde diese Situation niemals vergessen, die Erinnerung bewahrt uns vor Übermut und Überheblichkeit. Ich weiß seitdem aber auch: Nur ein profitabler Betrieb kann ein sozialer sein. »Es ist ein moralisch positiver Vorgang, wenn ein Unternehmen durch Risikobereitschaft Arbeitsplätze schafft«, sagt Bundespräsident Horst Köhler und fügt an: »Das sollten wir anerkennen und Gewinn nicht als Bereicherung verunglimpfen.«

Dem ist nur eins noch hinzuzufügen: Man kann nur Geld für soziale und kulturelle Zwecke oder den Umweltschutz ausgeben, das man zuvor verdient hat. Und nur der Unternehmer kann gesellschaftlich verantwortlich handeln und Stellung beziehen, der zunächst einmal vor seiner eigenen Haustür gekehrt hat.

Ich weiß aber mit der gleichen Gewissheit: Nur ein Unternehmer, der seine soziale Verantwortung ernst nimmt, kann ein erfolgreicher Unternehmer sein. Wirtschaften ist ein sozialer Prozess, der auf kulturelle, gesellschaftliche und institutionelle Bedingungen angewiesen ist. Die Mitarbeiter und der Wert ihrer Arbeit stehen im Mittelpunkt, denn sie schaffen mit ihrem Know-how den Mehrwert, der die unabhängige Zukunft eines Unternehmens sichert. Erst eine motivierte, qualifizierte Mannschaft garantiert den Erfolg.

Wenn ein gebürtiger Westfale in der Schwabenmetropole einer Firma vorsteht, sollte er deshalb selbstverständlich auch in der Region verwurzelt sein. Ganz einfach, weil er dann die Menschen besser kennt, mit denen er arbeitet. Nur so kann man Verantwortung übernehmen für die Belegschaft, für die Lieferanten, die Geschäftspartner und andere. Verbundenheit mit der Region ist wichtig – für das Unternehmen ebenso wie für seinen Chef.

Auch Kunden wollen nicht nur die Marke als Vertrauens-Gütesiegel, sie suchen genauso nach Identität, meinetwegen kann man auch »Heimat« dazu sagen. So wie ein Unternehmen eine Heimat braucht, die seine Identität ausmacht. Wir bekennen uns deshalb klar zu unserer Verantwortung für diese Gesellschaft und stehen zum Standort Deutschland.

Wir schaffen unsere Arbeitsplätze hier, wir zahlen unsere Steuern hier und wir engagieren uns an unseren Standorten auch in der Gesellschaft, indem wir kulturelle Aktivitäten fördern. Wir wollen dort nicht nur produzieren, sondern am öffentlichen Leben teilnehmen und zu einem funktionierenden Gemeinwesen das beitragen, was wir können.

Als schwäbisches Unternehmen halten wir es da mit dem in Stuttgart geborenen Philosophen Friedrich Wilhelm Hegel, der schon Anfang des 19. Jahrhunderts das Prinzip bürgerschaftlichen Engagements so beschrieb: »Meinen Zweck befördernd befördere ich das Allgemeine, und dies befördert wiederum meinen Zweck.«

Unser Betrieb hat seine Wurzeln in Deutschland, hier haben unsere Mitarbeiter ihre Heimat. Ohne die Schulen und Universitäten, an denen unsere Facharbeiter, Ingenieure und Manager ausgebildet werden, wäre die Erfolgsgeschichte von Porsche kaum denkbar. Und wir profitieren alle von der öffentlichen Infrastruktur. Wir schicken unsere Kinder in den kommunalen Kindergarten oder die staatliche Schule. Wir erwarten, dass unser Müll rechtzeitig abgeholt wird, und wir fahren gern auf gut ausgebauten Straßen.

Umsonst ist das alles nicht zu haben. Deshalb kann ich es auch nicht nachvollziehen, dass in unserer Gesellschaft jeder, der seine Steuerschuld regelmäßig begleicht, als nicht völlig zurechnungsfähig gilt. Für mich ist Ehrlichkeit kein Manko, sondern eine Tugend.

Auch das gehört zur Vorbildfunktion, die wir Unternehmer wahrnehmen sollten, und zu den Werten, die es zu bewahren gilt: Wenn jeder – auch und vor allem die Unternehmen – gemäß seiner Leistungskraft ehrlich seine Steuern abführen würde, anstatt seine Energie darauf zu verwenden, immer neue Schlupflöcher ausfindig zu machen, könnte das Niveau der Abgaben sicher deutlich gesenkt werden. Und damit wäre sowohl den Bürgern als auch den Firmen gedient.

Schließlich wissen wir doch alle um die Vorteile einer freiheitlichen Gesellschafts- und Wirtschaftsordnung, der soziale Verantwortung nicht fremd ist. Sie hat unserem Land mehr als ein halbes Jahrhundert lang politische Stabilität und ökonomische Prosperität gebracht. Wir sollten deshalb alles tun, sie zu erhalten und kontinuierlich weiterzuentwickeln.

Der Hinweis auf die globalen Märkte und die harte internationale Konkurrenz, die einer regionalen Verwurzelung und sozialen Verankerung entgegenstünden, ist meistens eher faule Ausrede als wirklicher Grund. Der bereits zitierte Soziologe Ralf Dahrendorf jedenfalls meint klipp und klar: »Entwickelte reiche Gesellschaften sind weitgehend frei, ihr eigenes Schicksal zu bestimmen.«

Ich bin fest davon überzeugt: Die deutsche Gesellschaft wird das auch tun. Der Kapitalismus in seiner sozialen Ausprägung wird nicht an den Ausschweifungen der vergangenen Jahre zugrunde gehen, die kapitalistische Revolution frisst nicht nach der Überwindung des Sozialismus gleichsam ihre eigenen Kinder. Krisen gehören vielmehr zur Marktwirtschaft, das Auf und Ab ist der normale Weg.

Zum Kapitalismus gehören selbstverständlich Ehrgeiz und Gewinnstreben, das wusste schon der Urvater des Marktes, Adam Smith. Allerdings wusste Smith auch, dass der Egoismus nicht in nackte Gier umkippen darf. Das verhindern staatliche Gesetze und Regularien, aber auch das Bewusstsein für das richtige Maß und ein paar Grundsätze oder auch Werte, die wieder zur Geltung kommen müssen.

Oder wie Managementanalytiker Malik es ausdrückt: »Für die Menschen steht, wie wir aus den bahnbrechenden Arbeiten von Viktor Frankl wissen, nicht Geld, sondern ihr Lebenssinn an oberster Stelle. ›Wer ein Warum zu leben hat, erträgt fast jedes Wie‹ war eine seiner Kernaussagen.« Denn zum Lebenssinn gehören auch Werte wie Mitmenschlichkeit und Solidarität, ohne die es weder Motivation noch Leistung gibt, und am Ende auch keine Gesellschaft.

Darum geht es: alte Werte neu zu interpretieren, damit sie in der heutigen Gesellschaft wieder ihre Gültigkeit gewinnen und damit überhaupt Gesellschaft erst möglich machen. Wer die breite Diskussion der vergangenen Jahre als Optimist interpretiert, kann darin auch eine Rückkehr auf den richtigen Weg sehen. Nach all den Irrungen und Wirrungen sind wir dabei, wieder die richtige Richtung in der Entwicklung einzuschlagen. Unsere eigene, die europäische, die deutsche der sozialen Marktwirtschaft. Es muss unser Anliegen sein, für die Schwachen auf dieser Welt einzutreten und der sozialen Verantwortung gerecht zu werden. Sonst werden die Konflikte nicht aufhören.

Am Wirtschaftsstandort Deutschland haben wir mit der sozialen Marktwirtschaft einen Ausgleich zwischen sozial Schwachen und Starken – und damit das notwenige soziale Umfeld, von dem beide Seiten etwas haben. Auch Globalisierung kann nicht bedeuten, dass in Zukunft das Kapital das Maß aller Dinge ist. Es gibt in diesem Zusammenhang so etwas wie soziale Verantwortung. Solange die nicht funktioniert, wird es Konflikte geben. Die Globalisierungsgegner prangern genau das an: Wo ist die soziale Verantwortung des Kapitals?

Dass die Erwartungen der Bevölkerung an die Unternehmen jedenfalls hoch sind, zeigt auch die schon erwähnte St. Gallener Umfrage. Danach meinen 95 Prozent der Befragten, dass die soziale Verantwortung künftig eine größere Rolle in der Geschäftspolitik der Firmen spielen müsse. Und, ein ganz besonders interessanter Befund: 86 Prozent der Befragten glauben, die aktive Wahrnehmung sozialer Verantwortung mache Unternehmen auf Dauer erfolgreicher.

Wie also gewinnen wir verloren gegangene Werte zurück? Dafür brauchen wir Vorbilder – und allgemein verbindliche Regeln. Der Mensch braucht Spielregeln. Man kann auch Monopoly nicht ohne Regeln spielen. Darum landet beim Monopoly auch ein ansonsten erfolgreicher Unternehmer plötzlich im Gefängnis und bekommt keine Mieteinnahmen mehr.

Der Ruf nach der Politik

oder:
Wir brauchen
mehr Mut

Wirtschaftspolitik sei mindestens zur Hälfte reine Psychologie, heißt eine der Weisheiten, die immer wieder gern zitiert werden. Gute Stimmung gehört einfach dazu, wenn die Unternehmen florieren sollen, wenn sie neue Arbeitsplätze und höhere Einkommen schaffen, kurz den Wohlstand des Landes und seiner Bürger mehren sollen. So gesehen ist es kein Wunder, dass Deutschland jahrelang Schlusslicht beim Wachstum in Europa war und nur noch als kranker Riese bedauert wurde. Die Stimmung konnte schlechter nicht sein.

Eigentlich – das war der Eindruck, den man in den vergangenen Jahren aus der öffentlichen Diskussion gewinnen musste – schien der Wirtschaftsstandort Deutschland doch überhaupt keine Zukunft mehr zu haben. Repräsentanten aus Wirtschaft und Politik gefielen sich zunehmend in dem Volkssport, alles schlecht zu reden. Ich glaube, es gibt keine Nation, die kommunikativ so selbstzerstörerisch veranlagt ist wie die deutsche.

Diese grundsätzliche Stimmung wird durch die Medien immer häufiger auf unschöne Weise verstärkt. Auch sie sind gewissermaßen Opfer des kurzfristigen Profitstrebens geworden, bei ihnen geht es nur um »Auflage« oder »Quote«. Dass »bad news« gute Nachrichten sind und umgekehrt, das ist ein alter Hut in der Branche, doch mit der zunehmenden Konkurrenz der Medien untereinander, angefacht noch durch die Krise im Anzeigengeschäft in den vergangenen Jahren, greift ein gewisser Alarmismus um sich.

Panik und destruktive Kritik verkaufen sich anscheinend besser als Sachlichkeit und differenzierte Analyse. Nur wer laut genug tönt, glaubt auch Gehör zu finden. Nicht einmal die öffentlich-rechtlichen Sender, die sich nicht am Markt behaupten müssen, sondern mit Gebühren finanziert werden und eigentlich einen besonderen politischen Auftrag als Medium haben, können oder wollen sich offenbar dieser Entwicklung entziehen. So wird aus fast jeder politischen Laus ein kommunikativer Elefant. Die Politiker reagieren darauf immer hektischer und die politische Diskussion ist immer weniger ein Wettbewerb um die besten Lösungskonzepte als vielmehr eine Strategie, die Vorschläge der jeweils anderen Partei möglichst nachhaltig schlecht zu reden.

Deutschland muss aufpassen, dass nicht durch dieses Lamentieren die Strukturen, die den wirtschaftlichen Erfolg unseres Landes über viele Jahrzehnte möglich gemacht haben, innerhalb kurzer Zeit nachhaltig beschädigt werden. Mit Sicherheit würde es keinem Asiaten oder Amerikaner einfallen, sein Land im Ausland schlecht zu reden.

Am lautesten kritisieren häufig genug meine Kollegen aus den Unternehmen Politik und Gesellschaft in Deutschland. Einschlägige Umfragen zeigen auch in unschöner Regelmäßigkeit, was deutsche Manager vom Standort halten: gar nichts. »Die Globalisierung hat einen Graben zwischen der nun international mobilen Wirtschaftselite und dem immobilen Rest der

Nation gezogen«, schreibt der Journalist Henrik Müller.[1] Seine Schlussfolgerung aus dieser Erkenntnis ist nicht gerade rosig: »Dieser Graben vertieft sich immer weiter. Je mieser die Stimmung in den vergangenen Jahren in Deutschland wurde, desto mehr fühlten sich Manager und Unternehmer abgestoßen. Desto eher entschieden sie im Zweifel gegen Deutschland. Schließlich finden sie anderswo auf der Welt Nationen wie China oder Amerika vor, deren Spirit ansteckend wirkt.«

Das Einzige, was hierzulande in den vergangenen Jahren Hochkonjunktur zu haben schien, war der Pessimismus. Und noch immer wird die Wirtschaft in Deutschland heruntergeredet, wird die Krise des Landes offenbar gern in immer neuen Facetten ausgemalt. Hauptargumente: Die schärfere internationale Konkurrenz, die uneinsichtigen Gewerkschaften und natürlich, allen voran, die tatenlose Regierung.

Dabei sollte man doch einmal ganz deutlich sagen, und es wird Zeit, das auch künftig in den Mittelpunkt der Diskussion zu stellen: Der Standort Deutschland hat eigentlich ganz hervorragende Voraussetzungen, um sich im globalen Wettbewerb erfolgreich zu behaupten. Das Problem ist nur, dass die Rahmenbedingungen nicht mehr stimmen. Sie behindern das wirtschaftliche Wachstum, und die Reformansätze, mit denen die verkrusteten Strukturen endlich aufgebrochen werden sollen, bleiben meistens auf halbem Wege stecken. Sobald ein vernünftiger Vorschlag auf dem Tisch liegt, wird er sofort von einer ganzen Meute von Bedenkenträgern zerredet – oft aus persönlichem Machtkalkül oder um die egoistischen Interessen einer kleinen Gruppe zu befriedigen.

Auch nach dem Wechsel von der rot-grünen zur großen Koalition in Berlin bleibt die Frage, welchen gestalterischen Elan die Bundesregierung entwickeln wird. Ob sie sich mit ihrer parlamentarischen Stärke im Rücken mutig ans Werk macht oder ob sich eine Politik ohne hinreichenden reformerischen Willen weiterhin an Stückwerk verschleißt. Es gibt erste Ansätze, die dringenden Probleme anzupacken, und vor allem immer wieder Versuche, die Stimmung zu heben. Für einen dauerhaften Umschwung reicht das aber nicht.

Einen Eindruck davon, wie die Stimmung in Deutschland auch sein kann, erhielten wir während der vier Wochen der Fußballweltmeisterschaft. Mit einer großen Leichtigkeit und Fröhlichkeit haben wir der Welt ein Bild von Deutschland gezeigt, das so gar nicht dem weit verbreiteten Klischee der miesepetrigen, nörgelnden Griesgrame entsprach. Dazu lieferten die zuvor noch arg gescholtenen und geschmähten Fußballer der Nationalmannschaft ein eindrucksvolles Beispiel dafür, was man erreichen kann, wenn man sich ein großes Ziel setzt und dann seine Aufgabe mit Tatkraft, Willensstärke und Selbstbewusstsein anpackt.

Doch die Bundesregierung und die sie tragenden Parteien ließen sich davon nicht im Geringsten beeindrucken. Ein wirklich großes Ziel strebten sie nur an, als sie den Bürgern die höchsten Steuererhöhungen seit Kriegsende aufbürdeten. Von großen Reformen, die das Land ökonomisch wieder an die Spitze in Europa führen, wie es die Bundeskanzlerin immer wieder betont, keine Spur.

Erst die halbherzige Revision des föderalistischen Systems, die, wenn überhaupt, nur mäßig dazu beitragen wird, politische Entscheidungen transparenter und schneller zu machen, was dringend nötig wäre. Und dann das fast völlige Scheitern bei der Neuausrichtung des Gesundheitssystems. Statt diesen dirigistischen

Moloch, in dem Milliarden versickern, auf mehr ökonomische Effizient zu trimmen, blieb nur wieder der Griff in die Taschen der Bürger übrig.

Auch die große Koalition kommt bislang über das hinlänglich bekannte und beklagte Geschacher der Politik nicht hinaus. Die gegensätzlichen Interessen der Parteien blockieren sich so lange, bis nach jahrelanger Diskussion der kleinste gemeinsame Nenner übrig bleibt und realisiert wird. Senkung der Lohnnebenkosten, Verringerung der Staatsquote, Lockerung der bürokratischen Fesseln für Unternehmen, um mehr Dynamik der Wirtschaft zu erreichen? Versprochen, zerredet, vergessen!

Unbestritten gibt es etliche Hürden und Hypotheken, die nach wie vor eine dynamische Entfaltung der Wirtschaftskräfte in Deutschland behindern. Besonders der Mittelstand, das Fundament der Volkswirtschaft, leidet erheblich darunter. Seit Jahrzehnten treiben die Verkrustungen des Arbeitsmarkts die Arbeitslosigkeit und die Sozialkosten in die Höhe, alle Hartz-Reformen haben daran nichts Grundlegendes geändert, bestenfalls eine leichte Entspannung bewirkt. Die überbordende Bürokratie und die hohe Belastung mit Abgaben liegen noch immer wie Mehltau über der Wirtschaft.

Wachstumsschwäche, Arbeitslosigkeit, Haushaltsdefizite, desolate Sozialsysteme und düstere Zukunftsperspektiven – am Ende lassen sich all die Symptome, die den ständigen Verdruss in den vergangenen Jahren erzeugten, auf eine Ursache zurückführen: Insgesamt ist der Appetit aller gesellschaftlichen Gruppen noch immer viel größer als der zur Verteilung bereitstehende Kuchen. Die in Jahrzehnten gewachsenen Ansprüche übertreffen bei weitem die Möglichkeiten, sie in einer

Welt mit immer schärferem internationalem Wettbewerb zu erfüllen.

Die Folgen sind seit Jahren offensichtlich: Es wird viel zu viel vom Volkseinkommen konsumiert und zu wenig investiert. Von jedem Euro, den der Finanzminister in Berlin an Steuern einnimmt, gibt er 70 Cent für Sozialleistungen aus.[2] Den weitaus größten Teil seiner Einnahmen verwendet er nicht etwa für Investitionen in Schulen, Straßen, Kindergärten oder Verkehrssysteme, sondern für Transferleistungen und die Zinsen auf die enorm gewachsenen Staatsschulden.

Ausgerechnet der amerikanische Schriftsteller Norman Mailer, der ja eher als emotionaler Kraftmensch denn als feinsinniger, kühler Analytiker bekannt ist, hat einmal gesagt: »Der Wohlstand beginnt genau dort, wo der Mensch aufhört, mit dem Bauch zu denken.« Das ist ein schönes und vor allem zutreffendes Motto für die große politische Aufgabe, die wir in Deutschland zu lösen haben. Wir müssen uns von vielen angenehmen Ritualen lösen, die wir lieb gewonnen haben.

Ich möchte hier nur die Grundlinien nachziehen, die den Standort Deutschland und seine Zukunftschancen in einer globalisierten Welt bestimmen, und damit die Themen ansprechen, die politisch am meisten drängen. So wird deutlich, wo Politiker ansetzen können, welche Entscheidungen getroffen werden müssen, um Deutschland wieder aus dem Jammertal herauszuführen.

Offensichtlichstes Zeichen für die völlige Fehlentwicklung der vergangenen Jahre sind die enormen Haushaltsdefizite des Staats. Sie verstoßen eindeutig gegen den europäischen Stabilitätspakt, an dessen Zustandekommen Deutschland ja nicht unerheblich beteiligt war. Aber das ist nicht unbedingt wichtig in unserem Zusammenhang und sowieso ein eher formaler Aspekt. Denn warum darf die Neuverschuldung nur drei Prozent vom Sozialprodukt ausmachen, warum sind 2,9 Prozent noch gut, 3,1 Prozent aber schon schlecht?

Der entscheidende Punkt ist ein ganz anderer: Nur mit Mühe und einigen Definitionstricks wurde in den vergangenen Jahren verhindert, dass die Neuverschuldung die Ausgaben für Investitionen im Bundeshaushalt nachhaltig und erheblich überstieg. Manchmal, wie zum Beispiel 2006, ist auch das nicht gelungen. Ganz abgesehen von der Frage, ob der Haushalt damit verfassungsgemäß ist, heißt das: Wir leben über unsere Verhältnisse. Denn wenn der Staat mehr Schulden macht, als er investiert, borgt er sich Geld bei künftigen Generationen für den heutigen Konsum.

Das ist schlimm genug und doch nur die halbe Wahrheit. Selbst wenn der Staat gar keine Schulden mehr machen würde, wie es Finanzminister Hans Eichel vor Jahren anstrebte, würden wir – nach unserem heutigen Maßstab – noch immer zu wenig für unsere Zukunft tun und damit in gewisser Weise immer noch auf Kosten künftiger Generationen leben. Denn den größten Teil des Kuchens, den die deutsche Volkswirtschaft Jahr für Jahr produziert, konsumieren wir sofort, wie der hohe Anteil der Transferleistungen und Zinsen belegt.

Wir sorgen als Gesellschaft fast nur noch für unser heutiges Wohl, für unseren Bauch, ohne an die Zukunft zu denken, getreu dem Motto eines Humoristen: »Lebensstandard ist der Versuch, sich heute das zu leisten, wofür man auch in zehn Jahren kein Geld haben wird.«

Nehmen wir nur einmal zur Veranschaulichung des

Problems an, der Finanzminister würde tatsächlich keine Schulden mehr machen. Dann hätte er zweifellos ein großes politisches Problem gelöst – und es wäre dennoch nur ein erster Schritt. Unsere Zukunftschancen hätte er damit noch nicht wirklich verbessert. Denn die Investitionen des Bundes machen gerade noch knapp neun Prozent des Haushalts aus. Vor rund einem Jahrzehnt waren es noch 12,5 Prozent. Der Bund allein müsste statt 23 Milliarden rund 33 Milliarden Euro investieren, nur um das gleiche Niveau wie vor zehn Jahren zu erreichen.

Gemessen am Bruttoinlandsprodukt hat sich die staatliche Investitionsquote sogar von drei Prozent im Jahr 1992 auf heute 1,5 Prozent halbiert.[3] Würde der Staat, also Bund, Länder und Gemeinden zusammen, die gleiche Zukunftsvorsorge betreiben wie damals, müsste er seine Investitionen schlicht von 33 Milliarden auf 66 Milliarden Euro verdoppeln.

Die Verschuldung der öffentlichen Haushalte und der Anteil der Investitionen zeigen also in kaum zu überbietender Deutlichkeit, wie Deutschland mit seiner Zukunft umgeht. Und die entscheidende Frage ist: Wie lässt sich die Neuverschuldung möglichst schnell abbauen? Wie kann man dahin kommen, etwas weniger vom Volkseinkommen zu konsumieren und etwas mehr in die Zukunft der Volkswirtschaft und damit in die Zukunft unserer Kinder zu investieren?

Nun, auf der Ausgabenseite sehe ich bei der öffentlichen Hand noch enorme Einsparpotenziale. Der Bund der Steuerzahler gibt dazu übrigens Jahr für Jahr überaus hilfreiche Anregungen.

Ganz oben auf der Einsparliste stehen für mich zweifellos die Subventionen. Dabei geht es, wohlgemerkt, nicht um geringe Beträge, die zu vernachlässigen wären. »Private und (halb)staatliche Unternehmen wurden 2004 insgesamt mit Subventionen in Höhe von 145,4 Milliarden Euro unterstützt. Dies entspricht ungefähr einem Drittel des gesamten Steueraufkommens«, hat das Kieler Institut für Weltwirtschaft ausgerechnet.[4] Davon profitiert nicht nur der immer sofort als Beispiel angeführte Steinkohle-Bergbau, sondern das Geld bekommen zu einem nicht unerheblichen Anteil auch hochprofitabel arbeitende Unternehmen wie zum Beispiel Automobilhersteller, die auf diese staatliche Alimentierung gar nicht angewiesen sind.

Ich rate den Politikern dringend: Streichen Sie die Subventionen radikal zusammen, sie haben in aller Regel keinen volkswirtschaftlichen Nutzen. Im Gegenteil, durch Subventionen wird nur der Wettbewerb verzerrt. Die meisten Unternehmen, die in den Genuss der staatlichen Alimente kommen, nehmen diese zwar gerne mit. Aber hier wird das Geld unsinnig zum Fenster hinausgeworfen, statt es in eine sinnvolle Investition für die Zukunft zu stecken.

Gerne wird zwar darauf verwiesen, dass Subventionen nötig seien, um die Ansiedlung von Firmen in strukturschwachen Regionen zu fördern. Das mag sogar in wenigen Einzelfällen zutreffen, generell ist das aber nicht viel mehr als eine Legende. Kein Unternehmen wird seine Standortentscheidung in erster Linie an den angebotenen Fördermitteln orientieren, denn jeder Manager weiß: Die Förderung läuft irgendwann einmal aus, doch das Werk muss sich auf Dauer rechnen. Deshalb müssen vor allem die Rahmenbedingungen stimmen. Erfüllt ein Standort die Anforderungen für langfristige Profitabilität nicht, lassen sich Betriebe auch nicht durch Subventionen anlocken.

Not leidende Unternehmen und ganze Branchen werden heute mit staatlicher finanzieller Hilfe künstlich am Leben erhalten – angeblich vor allem deshalb, um die gefährdeten Arbeitsplätze zu erhalten. Dieses Versprechen wurde aber in der Vergangenheit selten eingehalten. Die meisten Firmen, die staatliche Hilfe bekamen, waren früher oder später doch pleite.

Unabhängig davon stellt sich aber die grundsätzliche Frage, welchen Sinn es ergibt, marode Branchen durchzufüttern, die ohne den staatlichen Tropf nicht überlebensfähig wären. Denn dieses Geld fehlt an anderer Stelle, wo es mit Sicherheit sinnvoller eingesetzt werden könnte.

Nehmen wir das Beispiel Steinkohle-Bergbau: Jeder einzelne Arbeitsplatz wird dort mit mehr als 40 000 Euro im Durchschnitt pro Jahr subventioniert. Dabei wissen wir ganz genau, dass die deutsche Steinkohle keine Zukunft mehr hat, weil ihre Förderung international nicht mehr wettbewerbsfähig ist. Was aber könnte man mit den Milliarden bewegen, wenn man sie gezielt in die Zukunft investieren würde – ob in den Abbau der Staatsverschuldung, in Universitäten und Schulen oder bei der Gründung von neuen Unternehmen, die mit frischen Ideen und innovativen Produkten nicht nur Dynamik in die Wirtschaft bringen, sondern auch die Arbeitsplätze der Zukunft schaffen.

Es gilt auch hier, den entscheidenden Zusammenhang zu erkennen: Mit Subventionen finanziert man die Vergangenheit, Strukturen, mit denen man im künftigen globalen Wettbewerb keinen einzigen Blumentopf mehr gewinnen kann. Diese Erkenntnis hat sich inzwischen auch unter Politikern herumgesprochen. »Wir zahlen für die Vergangenheit zu viel und geben für die Zukunft zu wenig aus«, erklärte der Finanzminister der großen

Koalition, der Sozialdemokrat Peer Steinbrück, den Abgeordneten des Bundestags.[5]

Steinbrücks Urteil wird durch internationale Vergleiche nur erhärtet. Während Deutschland zu Beginn der 90er Jahre nach den Berechnungen des Instituts der deutschen Wirtschaft eine höhere gesamtwirtschaftliche Investitionsquote hatte als die meisten Industriestaaten mit Ausnahme Japans, hatte sich das Verhältnis schon 2002 umgekehrt: Alle gaben für Investitionen mehr aus als die Bundesrepublik.[6]

Wer sich aber für den künftigen globalen Wettbewerb rüsten will, der muss in zukunftsträchtige Felder investieren. Und wo? Ganz klar: in Bildung, Forschung und Entwicklung. Das ist die Basis, auf der die Wirtschaft – und damit der gesellschaftliche Wohlstand – in Zukunft stehen kann. Und gerade auf diesem Gebiet hat Deutschland einen erheblichen Nachholbedarf.

Wir sind in der Zwischenzeit in der Wissensgesellschaft angelangt. Der Besitz von Land, von Maschinen oder Geld allein verspricht längst keine Wohlstandsmehrung mehr – und als Kronzeugen dafür muss ich gar nicht die Ikonen der elektronischen High-Tech-Branche wie Bill Gates oder Larry Ellison bemühen. Wissen und Können ist der alles entscheidende Produktionsfaktor, der dauerhafte Wettbewerbsvorteile sichert. Und beim Thema Wissen geht es immer um den Menschen. Denn der Mensch ist der Wissensträger, nur er kann Wissen produktiv einsetzen.

Es hätte nicht erst der berühmten Pisa-Studie bedurft, um zu erkennen, dass bei uns mehr Weitblick und Engagement in Fragen der Bildung und Ausbildung dringend erforderlich sind. Ich bin der festen Überzeugung, dass wir auf diesem Gebiet durchaus Erfolge erringen könnten, wenn wir Bildung und Ausbildung mit mehr Spaß und Freude betreiben würden – und mit mehr Leistungsanreizen. Warum bezahlen wir Lehrer nicht danach, wie viele Schüler sie auf Universitäten, Akademien und Fachhochschulen bringen? Und warum zeichnen wir nicht die Schulen materiell – aber auch durch öffentliches Lob – aus, welche die besten Schüler hervorbringen?

Wir hätten schnell kein Bildungs- und Ausbildungsproblem mehr, davon bin ich überzeugt. Vielleicht ist das ein wenig zu plakativ gedacht und die Logik dahinter zu mechanisch. Aber sich Gedanken zu machen ist allemal besser, als das Bildungspotential weiterhin weitgehend brachliegen zu lassen.

Eins aber ist mit Sicherheit richtig: Wenn wir nicht endlich den Schulbetrieb von bürokratischen Hemmnissen befreien, wenn wir nicht endlich größere Flexibilität und Durchlässigkeit in den Schulen schaffen, wenn wir nicht mehr Transparenz in die Bewertungen hineinbringen, nicht endlich die Universitäten dem Wettbewerb aussetzen, dann landen wir international schnell im Abseits.

Und natürlich zeigt sich auch hier wieder, dass wir zu wenig investieren. Untersuchungen der OECD sprechen da eine eindeutige Sprache. So gibt Deutschland in der Primärstufe pro Schüler gut 4200 Dollar im Jahr aus, Japan aber über 5700 und die Vereinigten Staaten fast 7600 Dollar. Ähnlich sind die Verhältnisse in der Sekundarstufe. Dramatisch aber wird es in der universitären Ausbildung: Während Deutschland sich jeden Studenten rund 10 500 Dollar pro Jahr kosten lässt und Japan etwas mehr, geben die USA mehr als das Doppelte aus.[7]

Ganz besonders am Herzen liegt mir natürlich – und nicht ganz uneigennützig – die Ausbildung von Ingenieuren und Technikern. Gerade in den Natur- und Technikwissenschaften hat Deutschland eine große Tradition und unverständlicherweise mittlerweile riesige Versäumnisse. Es fällt den Unternehmen immer schwerer, den nötigen Nachwuchs zu rekrutieren. Der Mangel an Fachkräften ist evident, er ist die größte Wachstumsbremse in unserer Wirtschaft. Bildungspolitisch ist das ein Skandal. Denn in Deutschland kommt beispielsweise auf 100 Beschäftigte derzeit nur ein Absolvent der Ingenieur-, Natur- oder Biowissenschaften. Im Vergleich zu den anderen OECD-Staaten liegen wir damit weit unter dem Durchschnitt.

Wenn Deutschland also im globalen Wettbewerb bestehen und seinen Wohlstand nicht nachhaltig gefährden will, dann ist es völlig richtig, die Ausgaben für Forschung und Entwicklung auf mindestens drei Prozent des Inlandsprodukts anzuheben, wie es die Bundesregierung und die Europäische Union für die Staaten der Gemeinschaft propagieren. Wir müssen, das ist das klare Fazit aller Vergleiche, weniger Geld für die Vergangenheit ausgeben und mehr für die Zukunft.

Damit unterstützen wir die unbestreitbaren Stärken des Standorts Deutschland: die gute Ausbildung der Menschen, die traditionell erstklassigen Ingenieurleistungen, das hohe Niveau der Forschung an Universitäten und Forschungseinrichtungen, die innovativen Fähigkeiten der Unternehmen, ihre Weltoffenheit und Exportstärke.

Warum das gerade jetzt unter den Bedingungen der Globalisierung von elementarer Wichtigkeit ist, zeigt auch ein anderer internationaler Vergleich: In China verdoppelt sich die gesamte Investitionssumme (staatliche und private zusammen) in vier Jahren, in Südostasien in fünf Jahren, und selbst in der gewiss hoch entwickelten Volkswirtschaft der USA noch in sieben bis acht Jahren.

Die Wirkungen lassen sich leicht erkennen: In den vergangenen zehn Jahren wuchsen die Volkswirtschaften der OECD im Durchschnitt real pro Jahr um 2,6 Prozent, die Vereinigten Staaten um 3,3 Prozent, Deutschland um 1,5 Prozent, unterboten nur noch von der Schweiz und dem seit zehn Jahren vor sich hinsiechenden Japan. Länder wie Korea aber erreichten 4,9 Prozent, ganz zu schweigen von China oder Indien.

Die Folgen sind deutlich: Während die Amerikaner 2004 ein Pro-Kopf-Einkommen von rund 40 000 Dollar erwirtschafteten, waren es in Deutschland weniger als 30 000, also etwas mehr als der Durchschnitt der OECD.[8]

Damit will ich ganz und gar nicht behaupten, dass wir nur alles so machen müssten wie die Amerikaner, um unsere Zukunftschancen entscheidend zu verbessern. Ich bin im Gegenteil definitiv der Meinung, dass wir ein funktionierendes und effektives Sozialsystem brauchen, nicht zuletzt um den notwendigen ökonomischen Wandel menschenwürdig gestalten zu können. Ich weiß auch, dass Europa eine andere Tradition hat als Amerika, und dass Deutschland zu Recht stolz sein darf auf die überaus erfolgreiche Geschichte der sozialen Marktwirtschaft.

Auch Unternehmen gehen ihre eigenen Wege, aber genauso selbstbewusst betreiben sie Benchmarking, vergleichen sich mit ihren Konkurrenten. Nicht um anschließend das Gleiche zu tun wie die, sondern um auszuloten, welche Chancen sie haben und welche sie möglicherweise verpassen.

Gute und erfolgreiche Firmen investieren einen erheblichen Teil ihrer wirtschaftlichen Leistung für eine erfolgreiche Zukunft: Sie entwickeln neue Produkte, kaufen neue Maschinen, bauen Werkshallen, bilden Mitarbeiter aus und fort. Verantwortliche Familien zwacken einen Teil ihres Einkommens vom Konsum ab zur Vorsorge für Risiken im Alltag und Alter.

Nur die bundesdeutsche Gesellschaft hat sich in über einem halben Jahrhundert Nachkriegswohlstand daran gewöhnt, fast alles für den Konsum auszugeben. Sie denkt wenn nicht mit dem Bauch, so doch vor allem an den Bauch. Sie füttert überholte Industrien durch, sichert die Bürger kollektiv gegen vielfältige Lebensrisiken ab, sorgt durch jede Menge staatlicher Transfers für angeblich größere Verteilungsgerechtigkeit und für viele andere staatliche Wohltaten.

Das alles ist grundsätzlich sicher Teil einer lebenswerten Gesellschaft. Es hat aber – jedenfalls in dem Ausmaß, in dem es in Deutschland trotz aller Reformen noch immer betrieben wird – einen großen Nachteil: Für die nötigen Investitionen in die Zukunft fehlt schlicht und einfach das Geld.

Wenn wir in der Vergangenheit ein bisschen weniger lamentiert und etwas beherzter investiert hätten, dann wären die finanziellen Spielräume heute größer. Wenn die Politiker ihre Aufgabe ernst genommen hätten, dann hätten sie das den Bürgern rechtzeitig erklärt. So wie es zur Glaubwürdigkeit eines guten Unternehmers gehört, der Belegschaft in schlechten Zeiten die Situation ungeschminkt zu vermitteln und auch unpopuläre Entscheidungen zu treffen, so wäre es die Pflicht der Politiker gewesen, die Gesellschaft auf die fatalen Entwicklungen hinzuweisen und rechtzeitig die richtigen Entscheidungen zu treffen.

Aber wer spricht denn aus, dass es Vollbeschäftigung im klassischen Sinn – also so viele offene Stellen wie Arbeitslose – nicht mehr geben wird? Wer traut sich denn offensiv an eine Reform des Rentensystems, das auf der heutigen Basis nicht mehr zu finanzieren ist? Es kann doch nicht die Aufgabe der Politik sein, die Zukunft auf der Basis der heutigen Unvollkommenheiten zu prognostizieren und dabei festzustellen, dass alles nur schlechter wird und der Mangel möglichst gleichmäßig verteilt werden muss.

Was erwarten denn die Menschen von den Politikern? Zunächst einmal, dass sie sich vorbildlich verhalten. Dass sie ihrer Verantwortung gerecht werden und überzeugende Antworten auf die drängenden Probleme der Zeit geben. Politiker hätten schon vor 20 Jahren sagen müssen, dass wir um eine private Altersversorgung nicht herumkommen. Insbesondere gegenüber den jungen Menschen hätten sie offen zugeben müssen: Wer heute nicht freiwillig für eine private Altersrente spart, wird morgen als Rentner nicht einmal mehr Sozialhilfeniveau erreichen.

Auch in der Politik kann man nur durch Offenheit, Ehrlichkeit und Glaubwürdigkeit überzeugen. Das wiederum setzt den Mut voraus, falls notwenig auch einmal unpopuläre Wahrheiten auszusprechen. Politiker müssen Klarheit schaffen, auch wenn es schmerzt. Denn wer die Wahrheit sagt, wer Entscheidungsprozesse transparent und nachvollziehbar macht, der wird bei der Mehrheit der Bevölkerung auf Verständnis stoßen und Akzeptanz für sein Vorgehen erhalten.

Doch meistens ist das Gegenteil der Fall und so entwickelt sich Frust, und zwar an allen Ecken und Enden. Die Unternehmen klagen über hohe Steuern und schlechte Bedingungen, die Bürger sind frustriert, weil ihnen lieb gewordene Leistungen scheibchenweise gekürzt werden, und die Politiker erklären noch immer, die Renten seien im Prinzip sicher – immerhin, nur noch im Prinzip.

Natürlich ist das ein schwieriger Spagat, einerseits die Wahrheit auszusprechen und andererseits das Risiko einzugehen, vom Wähler abgestraft zu werden. Doch die klare Botschaft muss den Bürgern vermittelt werden, und das wird umso schwieriger, je länger sie hinausgezögert wird. Diese Botschaft geht weit über die Erläuterung ökonomischer Zusammenhänge und Notwendigkeiten hinaus, sie muss gewissermaßen das in der Nachkriegsrepublik gewachsene politische Selbstverständnis weiter Bevölkerungsschichten verändern. Erst wenn das wirklich in den Köpfen angekommen ist, wird Deutschland gerüstet sein für den Wettbewerb im Zeichen der Globalisierung.

Die geistige und materielle Infrastruktur, die der Grundstock für unseren Wohlstand in den vergangenen Jahrzehnten war, die haben wir ein bisschen vernachlässigt und es uns gut gehen lassen als Gesellschaft. Wir müssen uns wieder mehr um sie kümmern und die Prioritäten neu setzen. Voraussetzung dafür ist allerdings, dass wir die Infrastruktur in unseren Köpfen in Ordnung bringen.

Das ist die große Herausforderung für die Gesellschaft und damit für die Politiker. Sie müssen im öffentlichen Diskurs die Bedingungen für den grundlegenden Bewusstseinswandel schaffen. Dafür müssen sie allerdings auch ihre Rolle neu definieren. Politik kann weniger denn je die Sorge für eine wie auch immer geartete Verteilung des Kuchens sein. Erfolgreiche Politik in einer globalen Welt heißt, die Bedingungen für mehr Wachstum, größere Chancengleichheit und Wettbewerbsfähigkeit zu gestalten.

Aber auf die große Reform, den Befreiungsschlag, der die ständige Flickschusterei beendet, warten wir wohl auch mit der großen Koalition vergeblich. Schon mit ihren bisherigen Entscheidungen hat sie die Hoffnung auf kraftvolle Reformen enttäuscht. Das kann nicht einmal überraschen, schließlich hat sie gerade die Politik der kleinen Schritte zu ihrem Leitmotiv erkoren. Die zugrunde liegende Absicht ist leicht durchschaut: Wer sich nicht zu viel abverlangt und den Leuten nicht zu viel verspricht, der kann niemanden enttäuschen. Er wird allerdings auch ständig nachlegen und an allen möglichen Schrauben drehen müssen, um die Probleme halbwegs im Griff zu behalten.

Wer jedoch der Entwicklung ständig atemlos hinterherläuft und den Eindruck vermittelt, er repariere die Schäden der Vergangenheit, statt die Zukunft zu gestalten, der wird den Menschen kaum Sicherheit, Vertrauen und Zuversicht einflößen können. Das aber, und damit ein fundamentaler Stimmungswechsel, ist die entscheidende Voraussetzung für einen Aufbruch in eine Zukunft, in der die Menschen ihre Chancen erkennen und wahrnehmen können.

Denn es ist doch so und das belegt auch die Erfahrung der vergangenen Jahre mit den Reformen der sozialen Systeme, ob Rentenversicherung, Krankenversicherung oder Sozialhilfe: Jede halbherzige Entscheidung, die sehr schnell von den Bürgern als unzureichend erkannt wird, lähmt die gesamte Gesellschaft. Denn die Menschen ahnen, dass noch tiefere Einschnitte kommen werden, sie warten darauf und spekulieren über das Ausmaß und die eigene Betroffenheit. Sie sind beschäftigt mit der Vergangenheit, mit der Frage, wie sich ihre Situation verschlechtern wird, ein selbstbewusster Schritt in die Zukunft bleibt so versperrt.

Leicht demonstrieren lässt sich das an der oft beklagten Konsumzurückhaltung der Deutschen, die auch ein Grund dafür ist, dass die Wirtschaft so schwach wächst und viel zu wenig neue Arbeitsplätze entstehen. Wer ständig befürchten muss, dass Steuern und Beiträge zur Sozialversicherung erhöht und damit sein Nettoeinkommen gekürzt wird, und wer gleichzeitig nicht weiß, wie viel Rente er einmal vom Staat kriegen wird, der hält sein Geld zusammen und spart es, statt der Konsumlust zu frönen.

Die Politiker andererseits sind ständig damit beschäftigt, ihren mit größter Kraftanstrengung erreichten Kompromiss als beste Lösung zu verkaufen und damit der Zurückhaltung der Menschen entgegenzuwirken, nur um ein ums andere Mal schon bald zugeben zu müssen, dass es nicht reicht und weitere Schritte nötig sind. So dreht sich schließlich ein Teufelskreis aus Unsicherheit, Misstrauen und Vorsicht, der immer tiefer in die Krise hineinführt statt aus ihr heraus.

Genau diese Gefahr habe ich bei der Sanierung von Porsche vermieden, wie ich im nächsten Kapitel ausführlich schildern werde. Wir haben gleich zu Anfang einen tiefen und radikalen Schnitt gemacht, der viel Kraft gekostet hat und nicht leicht umzusetzen war. Dabei haben wir sogar auf japanische Berater gesetzt, ein Kulturschock für die selbstbewussten Beschäftigten bei Porsche. Ich habe nicht den kleinsten gemeinsamen Nenner aller Interessen gesucht, wie es in der Politik übler und üblicher Brauch ist, sondern das getan, was nach meiner Meinung das Beste für das Unternehmen ist.

Die Folgen waren eindeutig: Statt sich immer wieder aufs Neue mit weiteren Sanierungsrunden zu beschäftigen, konnte sich die Belegschaft auf die Zukunft konzentrieren, nachdem sie die harten Schnitte realisiert hatte. Die Frage lautete nicht mehr: Was kommt noch? Sondern: Wo wollen wir hin? Und als die ersten Sanierungserfolge sichtbar wurden, waren Stimmung und Strategie eindeutig nach vorn gerichtet.

Natürlich ist mir klar, dass der politische Betrieb etwas anders läuft als die Entscheidungswege in einem Unternehmen. Doch die grundsätzlichen Probleme sind die gleichen, die Menschenführung ebenfalls. Deshalb würde der permanente Dialog zwischen Politik und Wirtschaft helfen, zukunftsweisende Lösungen zu finden. Ich bin definitiv der Meinung: Als Unternehmer muss man sich an gesellschaftspolitischen Diskussionen beteiligen, denn nur dadurch bewegt man etwas in diesem Land. Unternehmer dürfen nicht immer nur fordern und kritisieren, sondern wir müssen uns aktiv in die politische Entscheidungsfindung einbringen und den Reformprozess mit konstruktiven Vorschlägen unterstützen und beschleunigen. Und wir sollten uns auch fragen, welche Opfer wir bringen können, um den Prozess voranzubringen.

Wir dürfen uns auch nicht auf das Klein-Klein beschränken. So sehr der politische Alltag darin bestehen mag, in kleinen Schritten voranzukommen oder geduldig dicke Bretter zu bohren, wie der große Soziologe Max Weber den Politikbetrieb charakterisiert hat, so sehr glaube ich daran, dass es darauf ankommt, eine Vision für das Land, seine Wirtschaft und Gesellschaft zu entwickeln. Es ist wie im Unternehmen: Kostenkontrolle gehört zum täglichen Geschäft, aber ohne eine Vorstellung davon, wohin man langfristig will, was man erreichen will, wird man kaum nachhaltig Erfolg haben können.

Ein wunderbares Motto für diejenigen, die Deutschland ökonomisch wieder auf den richtigen Weg bringen wollen, scheint mir ein Satz des französischen Schriftstellers Antoine de Saint-Exupéry zu sein, der einmal gesagt hat: »Wenn du ein Schiff bauen willst, so trommle nicht Männer zusammen, um Holz zu beschaffen, Werkzeuge vorzubereiten, Aufgaben zu vergeben und die Arbeit zu verteilen, sondern lehre die Männer die Sehnsucht nach dem weiten, endlosen Meer.«

Auf Deutschland bezogen heißt das doch nichts anderes, als dass wir wieder eine Aufbruchstimmung erzeugen müssen. Gemeinsam müssen Politiker und Unternehmer definieren und sagen, wohin die Reise gehen soll. Wo wir in zehn Jahren im internationalen Wettbewerb stehen wollen.

Wir müssen unsere Stärken ins Spiel bringen, mit denen wir diese Ziele auch erreichen können: Die gute Ausbildung der Menschen, ihren Fleiß und ihren Erfindungsgeist, das technische Know-how, die erstklassige Infrastruktur, weltbekannte Industrieunternehmen und nicht zuletzt das Potenzial und die Weltoffenheit gerade des Mittelstands, der die deutsche Wirtschaft trägt.

Meine Forderung lautet deshalb: Wir sollten in Zukunft weniger darüber reden, was alles schlecht ist, und mehr darüber, was Deutschland erreichen will, welche Stärken wir vorzuweisen haben und wie wir sie ausbauen wollen. Das gehört zur Führungsaufgabe von Unternehmern – und ganz sicher auch von Politikern.

Politiker müssen also genauso wie Unternehmer eine ihrer wichtigsten Aufgaben in der Öffentlichkeit wahrnehmen: den Menschen Mut zu machen, glaubhafte Leitbilder und klare, nachvollziehbare Ziele zu formulieren. Mit anderen Worten: Wir müssen die Sehnsucht nach fernen Zielen entfachen und bei den Menschen das Vertrauen in die eigenen Fähigkeiten fördern.

Mit reden allein ist es allerdings nicht getan. Bliebe es dabei, folgte auf das Schlechtreden doch nur das Gesundbeten. Und das ist nur die Kehrseite der gleichen schlechten Medaille. Aufbruchstimmung erzeugt man nur mit Glaubwürdigkeit. Und diese erreicht man nur, wenn man glaubhaft und erkennbar daran arbeitet, die propagierten Ziele auch Realität werden zu lassen. Wir haben schließlich kein Erkenntnisdefizit, sondern ein Umsetzungsdefizit.

Daran hapert es aber ganz besonders in der Politik. Statt die wirklichen Probleme zu lösen, werden Scheindebatten geführt, Ablenkungsmanöver inszeniert und persönliche Eitelkeiten ausgelebt – und alles meist noch im Rampenlicht der Medien. Dieses Spiel wird nur enden, wenn die Politiker ihre Mutlosigkeit überwinden, sich unbequemen Themen zu stellen.

Die Mutlosigkeit hat allerdings ihre Gründe. Wann immer eine Regierung, gleich welcher Couleur, Wohltaten streicht, heulen die Betroffenen auf. Opfer sollen immer nur die anderen bringen. Wo sind die Entwürfe und Konzepte, die auch eigene Opfer beinhalten? Von welchem Ärztefunktionär kommt eine Idee, wie das Gesundheitssystem reformiert werden kann, ohne dass die Beiträge steigen? Welcher Automanager macht Vorschläge mit tatsächlichen oder auch nur vermeintlichen Nachteilen für das Unternehmen oder die Branche? Welcher Verbandsfunktionär formuliert Sparansätze, die auch die Besitzstände seiner Klientel betreffen?

Wo ist der Mut, selbst dann auf Subventionen zu verzichten, wenn sie einem zustehen? Da werden von Unternehmen steuerliche Mehrbelastungen beklagt, die einen Bruchteil dessen ausmachen, was man gerade aus dem Subventionstopf geschöpft hat, der auch nur aus Steuermitteln gefüllt wird. Da gibt es Hersteller, die sich hunderte von Millionen Euro für Neuinvestitionen und Erweiterungen vom Staat holen, um nachher individuellen Profit zu generieren. Selbstverständlich handeln diese Unternehmen alle legal.

Namen muss man gar nicht nennen, weil alle das gleiche Verhalten an den Tag legen – ob diese Firmen nun in Bayern beheimatet sind oder in Niedersachsen, ob in Baden-Württemberg oder in Hessen. Ich hätte mir sehr gewünscht, dass unser Beispiel Nachahmer findet, bei unserer Fabrik in Leipzig auf Subventionen zu verzichten. Aber Fehlanzeige!

Dann die Steuern. Wer bezahlt noch entsprechend seiner wirtschaftlichen Leistungskraft? Immer mehr zu fordern, nichts zur Lösung beizutragen und, wenn es eng wird, der Regierung Flickwerk vorzuwerfen und zu drohen, die Produktion ins Ausland zu verlagern, das ist Heuchelei.

Den Politikern kann man nur immer wieder sagen: Stoppen Sie diesen volkswirtschaftlichen Unsinn, es können dann alle nur gewinnen. Lässt man diesen Prozess aber unkontrolliert weiterlaufen, fahren wir die Volkswirtschaft an die Wand. Selbstverständlich ist mir bewusst, dass multinationale Konzerne viele nationale Gesetze legal umgehen können. Aber muss man es ihnen so leicht machen?

Egoismus ist sicherlich eine Triebfeder in unserem marktwirtschaftlichen System. Er muss aber dort seine Grenzen finden, wo er dem Gesamtwohl schadet. Und egoistisch ist es auch, wenn sich die Gewerkschaften nur um die kümmern, die in Lohn und Brot stehen.

Was den Standort Deutschland bedroht, ist eine Anspruchshaltung derjenigen, die Konfliktpotential haben und dieses auch ungeniert einsetzen. Was wir stattdessen brauchen, ist eine Einstellung, die Probleme zu lösen, die uns allen unter den Nägeln brennen, und nicht auf Nebenkriegsschauplätze auszuweichen. Und was wir auch brauchen, ist eine konstruktive Grundhaltung, um die Probleme gemeinsam, das heißt über die Parteigrenzen hinweg, mit allen gesellschaftspolitischen Gruppen anzugehen.

Nehmen wir zum Beispiel die Diskussion um die Arbeitsplätze. Ich verstehe die von vielen Managern und Verbandsfunktionären vertretene These überhaupt nicht, Arbeitsplätze seien in Deutschland zu teuer, neue könnten nur noch im Ausland entstehen. Zunächst einmal müssen Unternehmer auch ihrer gesellschaftlichen Verantwortung gerecht werden. Immer nur Arbeitsplätze ins Ausland zu verlagern, ist der einfachste Weg, aber nicht immer der geeignete. Dagegen Arbeitsplätze in Deutschland zu schaffen, ist die eigentliche Kunst. Und ich bin sicher, dass es auch geht.

Wir haben noch viele Chancen, gemeinsam mit den Mitarbeitern in den Betrieben mehr Flexibilität zu erreichen. Man kann durch konsequente Prozessoptimierung noch mehr herausholen, ohne dass der Einzelne substantielle Einbußen hinnehmen muss. Ich würde mir allerdings wünschen, dass die Unternehmer noch mehr darüber nachdenken, wie sie dieses Ziel erreichen können.

Stattdessen der scheinbar einfache Weg. Es gibt zum Beispiel in der deutschen Automobilindustrie Großserienhersteller, die ihre Motorenproduktion ins östliche Ausland verlagert haben – ein zwar wichtiges

Bauteil eines Fahrzeugs, für das man heute aber gerade noch eine Produktionszeit von zwei bis maximal drei Stunden benötigt. Da baut man jenseits der Grenzen hoch automatisierte Fabriken, aber selbst wenn die einen kleinen Vorteil bei den Lohnkosten haben, kann das nicht wirklich entscheidend sein. Denn zusätzlich hat man auch noch die Kosten für all die Ingenieure, die hin und her fliegen, und natürlich gibt es auch Steuerungsprobleme ohne Ende.

Die Lohnkostenvorteile im Ausland allein können es also nicht sein, was die Manager bewegt, und sie sind es auch tatsächlich nicht. Nehmen wir, weil es nahe liegt, das Beispiel Porsche. Unser Stammwerk steht im Herzen von Baden-Württemberg, das als Hochlohnland im Hochlohnland Deutschland gilt. Trotzdem sind wir auf den Weltmärkten erfolgreich unterwegs – und beteiligen unsere Mitarbeiter an dieser positiven Geschäftsentwicklung mit einer jährlichen Sonderzahlung.

Nein, bei vielen Herstellern, die ihre Produktion verlagern, kommt der Gewinn einer solchen Standortentscheidung fast ausschließlich aus der in dem Land gewährten Steuerfreiheit oder -vergünstigung. Und wenn diese Hersteller ihre Motoren dann auch noch zollfrei nach Deutschland einführen können, muss man sich wirklich fragen, auf welchem Stern wir leben.

Deshalb erscheint mir an der Diskussion über die Verlagerung von Arbeitsplätzen ins Ausland vor allem folgender Punkt kritikwürdig: Es ist wenig sinnvoll, ja geradezu der Gipfel des Unsinns, wenn man in Zeiten, in denen rund fünf Millionen Menschen in Deutschland arbeitslos registriert sind, den Job-Export auch noch aus dem deutschen Steuertopf subventioniert.

Was anderes ist es denn, wenn Unternehmen bei Standortverlagerungen ins Ausland die Kosten für die Planung der Investition, den Transfer der Arbeitsplätze, die Verwaltung und die Finanzierung des Tochterunternehmens voll steuerlich geltend machen können? Und wieso zahlt die EU Zuschüsse für Firmenansiedlungen in den Beitrittsländern – übrigens auch mit den deutschen Beiträgen in die EU-Kasse –, die den osteuropäischen Regierungen dann dazu dienen, Firmen aus Westeuropa mit besonders niedrigen Steuersätzen anzulocken? Immerhin versucht die Kommission inzwischen, dies zu verhindern.

Das ist der Fehler im System, die angeblich hohen deutschen Lohnkosten sind es meistens nicht. Aber wir führen fleißig die falschen Diskussionen – übrigens gern in diesem Zusammenhang. Denn es gibt ja auch Leute, die behaupten, der Standort Deutschland könne seine Spitzenposition im globalen Wettbewerb durch Lohn- und Sozialdumping absichern. Damit aber befinden sie sich ganz bestimmt auf dem Holzweg. Denn eins ist so klar wie kaum etwas sonst: Wir verarmen, wenn wir asiatisch werden wollen – ökonomisch betrachtet.

Einmal abgesehen davon, dass wir zum Beispiel mit den chinesischen Lohnkosten niemals konkurrieren könnten, wäre das auch volkswirtschaftlicher Unsinn. Mit welchem Geld soll der deutsche Arbeitnehmer denn dann konsumieren?

Ein besonders krasses Beispiel einer derart fehlgeleiteten Diskussion ist die Dienstleistungsrichtlinie der EU, die zum Glück nicht in der ursprünglich von der Kommission vorgeschlagenen Form umgesetzt wird. Sie soll bürokratische Hemmnisse abbauen, den grenzüberschreitenden Handel mit Dienstleistungen fördern und damit zur Verwirklichung des einheitlichen Binnenmarkts beitragen. Besonders kritisch war dabei das so genannte Herkunftslandprinzip, das zu den Kernpunkten des ursprünglichen Entwurfs gehörte. Danach sollte jeder EU-Bürger seine Dienstleistungen in jedem EU-Staat zu den Bedingungen anbieten können, die in seinem Heimatland gelten. Und die Kontrolle sollte ebenfalls allein dem Herkunftsland obliegen.

Im wahrsten Sinn des Wortes sollte da etwas ohne Rücksicht auf die Realität erzwungen werden, was im Prinzip sinnvoll ist. Wir brauchen in Europa einen offenen Markt ohne Grenzen, das ist gar keine Frage. Dazu gehört selbstverständlich auch ein grenzüberschreitendes Dienstleistungsangebot. Auf eins müssen wir allerdings achten, wenn wir mehr Wettbewerb wollen: auf ein Mindestmaß an Chancengleichheit. Und genau das ist derzeit noch nicht gegeben.

Die Ausgangsvoraussetzungen könnten jedenfalls nicht unterschiedlicher sein: Da gibt es das Kerneuropa, in dem vergleichsweise hohe Löhne und Sozialstandards, zugleich aber auch relativ hohe Lebenshaltungskosten gelten. Und da gibt es die neuen EU-Mitgliedsländer in Osteuropa mit ihren niedrigen Löhnen und noch wenig ausgeprägten Sozial- oder Qualitätsvorschriften. Angesichts dieses starken Gefälles lässt sich ein fairer Wettbewerb im Dienstleistungssektor sicher nicht realisieren.

Man muss sich das einmal vorstellen: Da gründet beispielsweise ein polnisches Unternehmen mitten in Stuttgart eine Kette chemischer Reinigungen. Die Mitarbeiter kommen aus Warschau oder Danzig, erhalten die in Polen üblichen Löhne und werden irgendwo am Stadtrand in einer kostengünstigen Unterkunft mit Mehrbettzimmern untergebracht. Nach sechs Monaten ist Schichtwechsel.

Wie lange hätten sich die ortsansässigen Reinigungen im Wettbewerb mit diesem polnischen Unternehmen behaupten können? Ich befürchte, kein halbes Jahr. Schließlich müssen sie mit ganz anderen Kosten kalkulieren als die Billigkonkurrenz aus Polen. Das hält niemand lange durch. Was hat eine solche Richtlinie also noch mit fairem Wettbewerb zu tun? Zum Glück wurde der Unsinn dann ja auch gestoppt, nach dem neuen Entwurf gelten für Dienstleister die Bedingungen des Landes, in dem sie tätig sind.

Hätte sich der ursprüngliche Vorschlag durchgesetzt, wären davon ja nicht nur die chemischen Reinigungen in Stuttgart betroffen gewesen. Ganze Branchen würden damit in einen ruinösen Preiswettbewerb getrieben, bei dem deutsche Anbieter nur wenig zu gewinnen, aber viel zu verlieren hätten. Denn auf der Basis von deutschen Gesetzen und tarifrechtlichen Bestimmungen in Polen zu arbeiten, ergibt für sie keinen Sinn.

Deutsche Politiker dürfen sich nicht freiwillig in Brüssel die Butter vom Brot nehmen lassen, sondern müssen gelegentlich auch einmal auf den Tisch hauen, und wenn es hart auf hart kommt, sollten sie auch vor drastischen Maßnahmen nicht zurückschrecken. Es geht hier nicht um Protektionismus, schließlich profitieren auch deutsche Unternehmen von einem freien Wettbewerb. Aber wenn die Regeln so unfair sind und am Ende die Existenz ganzer Branchen bedrohen, dann sage ich in aller Deutlichkeit: Wir sollten nicht einmal davor zurückschrecken, auch Einfuhrzölle zu erheben, um uns zu schützen – zumindest vorübergehend.

Die Erweiterung der Europäischen Union auf jetzt 25 sehr unterschiedlich entwickelte Mitgliedsstaaten kann sicher nicht vollendet werden, indem wir einfach die Grenzen aufmachen. Was wir brauchen, sind wenigstens vernünftige Übergangsfristen, damit sich unsere Unternehmen und deren Mitarbeiter auf die künftigen Herausforderungen einstellen können. Ansonsten fliegt uns das Thema um die Ohren. Denn schon bald wollen weitere Staaten der Währungsunion beitreten und mit Bulgarien und Rumänien stehen weitere Länder vor der Tür, deren Menschen auf die Arbeitsmärkte der reichen EU-Staaten drängen.

Ich rede hier keineswegs nur aus Unternehmersicht. Nein, die eigentlichen Opfer wären die deutschen Arbeitnehmer. Sie sind es, die arbeitslos würden, wenn die Firmen, bei denen sie beschäftigt sind, in Konkurs gehen. Und anders als so mancher Manager können sie nicht so einfach mit ihren Familien in ein fremdes Land mit einer anderen Sprache umziehen, um dort einen neuen Job zu finden.

Das wird in der Globalisierungsdiskussion heute allzu leicht vergessen: Ein international aktiver Konzern mag sich relativ leicht damit tun, einen deutschen Standort zu schließen und Teile seiner Produktion in ein Billiglohnland zu verlagern, in dem ihm auch noch großzügige Steuergeschenke oder Investitionszuschüsse winken.

Doch der Werker, der seit zehn oder 20 Jahren für dieses Unternehmen am Band gearbeitet hat, der seiner Familie in der Nähe der Fabrik inzwischen eine Eigentumswohnung gekauft oder ein kleines Häuschen gebaut hat, das er immer noch abzahlt, der hat diese Option nicht. Der bleibt am Ende meistens auf der Strecke. Es steht deshalb für mich außer Frage, dass wir unsere Arbeitnehmer vor Billigkräften aus dem Ausland schützen müssen – im Interesse einer stabilen Entwicklung im Inland.

Wir alle – Unternehmer wie Politiker – sind gut beraten, die Sorgen dieser Menschen ernst zu nehmen. Ernster jedenfalls als bisher. Aber wir müssen nicht auf die ohnehin viel gescholtenen Brüsseler Politiker schauen, um festzustellen, dass ihre Taten selten dazu angetan sind, Vertrauen zu schaffen und Aufbruchstimmung zu erzeugen. Es gibt dafür reichlich Anschauungsmaterial im eigenen Land.

Es ist immer wieder verblüffend festzustellen, dass die Politiker jeglicher Couleur ganz genau wissen, was die Probleme sind und wie sie gelöst werden können. Abends beim Wein oder Bier, wenn man sich Auge in Auge gegenübersitzt, würde man sich vermutlich sehr schnell über alle Parteigrenzen hinweg einigen. Nur wenn es dann daran geht, öffentlich Farbe zu bekennen, inszenieren sie nur noch Scheingefechte und Ablenkungsmanöver.

Eine wirklich typische Diskussion dieser Art fand in den vergangenen Jahren um die Frage statt, ob die individuellen Vorstandsgehälter im Geschäftsbericht veröffentlicht werden müssen. Wir haben sie auch noch mit der für uns Deutsche charakteristischen Inbrunst geführt. Ich weiß bis heute nicht, warum die Politiker mir unbedingt mein grundgesetzlich verbrieftes Recht auf informationelle Selbstbestimmung bei diesen sehr persönlichen Daten nehmen wollen.

Doch die Veröffentlichung der individuellen Vorstandsgehälter war monatelang das Top-Thema von der *Bild*-Zeitung bis zum *Manager Magazin*. Mittlerweile ist sie gesetzlich vorgeschrieben, die meisten Dax-Konzerne weisen die Gehälter ihrer Vorstände nicht mehr nur pauschal aus. Und was wird in den nächsten Jahren passieren? Die Gehälter – die der Vorsitzenden ausgenommen – werden einander angepasst.

Ob gut, ob schlecht, ob jung, ob alt – die Vorstands-vergütung wird sozialistisch.

Mein Einkommen geht doch wirklich nur den Auf-sichtsrat als Sachwalter der Aktionäre, mein zuständi-ges Finanzamt, meine Frau und mich etwas an, denke ich jedenfalls. Warum also dann diese mit großer Lei-denschaft geführte öffentliche Diskussion? Ich habe nur eine Erklärung: Es ist ein einziges Ablenkungs-manöver. Statt die wirklichen Probleme zu lösen, wurde nur Symbolpolitik gemacht, wie ich schon an einigen anderen Beispielen erläutert habe. Ein wichtiger Schritt, um Deutschland international wettbewerbsfähiger zu machen, war es sicher nicht.

Wovon soll abgelenkt werden? Zum Beispiel von dem kläglichen Ergebnis der Verhandlungen um eine Reform des Föderalismus. Jeder wusste, dass es so wie bisher nicht weitergehen konnte. Das war jedenfalls das eindeutige Ergebnis in jedem vertraulichen Ge-spräch. Zu 90 Prozent war man sich einig in der 2003 eingesetzten Reformkommission – und hat dann we-gen eines letzten Restes an Unstimmigkeiten ein Jahr später alles in den Papierkorb geworfen. Kläglicher kann man nicht scheitern und der allgemein schlech-ten Stimmung im Land Vorschub leisten.

Immerhin hat die große Koalition das Thema sofort wieder aufgegriffen und tatsächlich einen Kompro-miss herbeigeführt. Doch er ist alles andere als eine gelungene Reform, sondern vielmehr ein weiteres ein-drucksvolles Beispiel für die schwierigen und ver-schlungenen Entscheidungswege der deutschen Poli-tik, auch unter den Bedingungen der großen Koalition. Im Kern geben die Länder zwar Zustimmungsrechte ab und erhalten dafür im Gegenzug mehr eigene Zuständigkeiten, aber klare Zuordnungen mit eindeutigen Verantwortlichkeiten sind damit noch lange nicht entstanden.

Prompt gab es denn auch sogleich wieder politischen Streit, zum Beispiel über die Zuständigkeit in der Bildungspolitik. Und vor allem: An den wichtigsten Bereich, die verflochtene und verworrene Finanzpolitik, wagten sich die Politiker erst gar nicht heran. Ohne eine klare Neugliederung der Finanzen, die zum Beispiel den komplizierten und leistungsfeindlichen Finanzausgleich zwischen Ländern und Bund entflicht, bleibt die dringende Reform des Föderalismus nur Stückwerk.

Woran liegt das? Eine entscheidende Ursache ist, dass Bundesregierung und Opposition sich gegenseitig paralysieren können, indem sie unterschiedliche Mehrheiten in Bundesrat und Bundestag gegeneinander ausspielen. Die große Koalition hat diese Blockade weitgehend aufgelöst, doch ist sie ja nicht die übliche Regierungskonstellation, wie die Vergangenheit der Bundesrepublik zeigt. In jedem Fall aber bleiben die vielfach entgegengesetzten Interessen des Bundes und der Länder sowie der Länder untereinander. Deshalb ist die Bilanz auch nach einem Jahr großer Koalition nur ernüchternd. Mehr als der kleinste gemeinsame Nenner kommt auch jetzt nicht heraus.

Der Bundesrat ist zum Dreh- und Angelpunkt einer Politik geworden, die regelmäßig mit höchstmöglichem Aufwand das kleinstmögliche Resultat erzielt. Wenn er nicht zum Blockadeinstrument der jeweiligen Bundestagsopposition verkommt, dann wollen die Länder bei allzu vielen Gesetzen mitreden. Was die Regierung auch immer an Gesetzen mit größerer bundespolitischer Tragweite auf den Weg bringt – der Bundesrat legt sein Veto ein.

Das war schon vor 1998 so, als Helmut Kohl regierte

und Oskar Lafontaine die Opposition organisierte, und daran hatte sich auch bei der rot-grünen Bundesregierung nichts geändert. Trotz der inzwischen vereinbarten Reform wird auch jede Regierung nach der großen Koalition die gleichen Erfahrungen wieder machen, entsprechende Mehrheiten vorausgesetzt. Das dort üblicherweise verfolgte Ritual garantiert aber nur eines: Stillstand. Denn auf jedes Veto folgen langwierige Verhandlungen, die irgendwann auf einen Kompromiss hinauslaufen, der sich am kleinsten gemeinsamen Nenner orientiert.

Das politische System, so behaupten Kritiker der Verhältnisse deshalb schon länger, sei Teil des Problems in Deutschland, nicht Teil der Lösung. Mehr noch: Die ständige Einflussnahme der Länder auf bundespolitische Entscheidungen ist zum Problem schlechthin geworden und eine wesentliche Ursache für den seit Jahren beklagten Reformstau.

Das föderale System ist das Gegenteil einer Organisation, die sachliche und effiziente Entscheidungen begünstigt. Es hatte sicher seine Berechtigung nach dem Krieg, weil es Machtmissbrauch so gut wie unmöglich machte. Doch mittlerweile stellt sich nur noch die Frage: Wer regiert eigentlich das Land, wenn fast jede Entscheidung des Bundestags im Bundesrat blockiert werden kann?

Wo ist die klare Aufgabenverteilung zwischen Bund und Ländern? Wer ist heute für was verantwortlich? Das ist keineswegs eindeutig auszumachen – und es wird auch dann nicht entscheidend besser, wenn die von der großen Koalition endlich umgesetzte Reform des Föderalismus Wirklichkeit wird.

Der politische Prozess, das häufig weniger von sachlichen als von taktischen Gründen geleitete Gerangel, macht klare und angemessene Entscheidungen mittlerweile fast unmöglich. In jedem Fall kostet es aber viel zu viel Zeit in einer Welt, die sich immer schneller verändert und in der es immer mehr auf schnelle Reaktionen ankommt.

Deswegen ist zu befürchten, dass politische Entscheidungen auch künftig zäh verlaufen und mit Sicherheit nicht dazu beitragen werden, dass die Bürger sie besser verstehen. Eines der schlimmsten Beispiele dafür war zweifellos das Zuwanderungsgesetz, das 2005 in Kraft trat. Was hat es gebracht, dass die Parteien fast vier Jahre lang um dieses Thema gestritten haben? Ein halbes Dutzend Kommissionen und Ausschüsse beschäftigte sich mit ständig neuen Entwürfen, und die Länderkammer trat gleich drei Mal zur Abstimmung an.

Der Bürger hatte den Überblick längst verloren, was Regierung und Opposition im Detail eigentlich wollten. Und vermutlich könnte heute nicht einmal einer der beteiligten Politiker – ohne noch einmal nachzulesen – sagen, welche der ursprünglichen politischen Positionen sich im Gesetz widerspiegeln.

Als Beispiele für die Krise des politischen Systems in Deutschland eignen sich alle großen politischen Themen. Ob Steuerreform, Sozialsysteme, Bürokratie, Eindämmung der Schwarzarbeit oder Umsetzung von EU-Richtlinien: Bis ein von der Bundesregierung vorgelegtes Gesetz in Kraft treten kann, vergehen mitunter Monate, nicht selten Jahre.

Das föderale System muss umgebaut werden. Um den Reformstau in Deutschland überwinden zu können, sind effizientere politische Entscheidungsprozesse dringend nötig. Vielleicht brauchen wir ja ein Mehrheitswahlrecht. Und wenn das nicht durchsetzbar ist, warum müssen die Länder bei der Bundesgesetzgebung überhaupt mitmischen? Die Kommunen dürfen es doch bei den Ländern auch nicht. Und die Abgeordneten des Bundestags sind doch die gewählten Volksvertreter der ganzen Republik.

Die wirkliche Lösung liegt auf der Hand: Die Institution Bundesregierung muss einen angemessenen Gestaltungsfreiraum erhalten, um mit schnellen und konsequenten Entscheidungen auf neue politische Herausforderungen reagieren und die Zukunftsfähigkeit dieses Landes sichern zu können. Dazu gehört auch, dass Bundesgesetze, die von einer demokratisch legitimierten Regierung formuliert und von der Mehrheit des gewählten Parlaments verabschiedet wurden, überhaupt nicht mehr der Zustimmung der Länder bedürfen.

Außerdem muss auf Länderebene mehr Wettbewerb möglich sein. Jedes Bundesland muss die Möglichkeit haben, eigene Wege zu gehen – ob in der Schulpolitik, bei den Steuern oder am Arbeitsmarkt. Voraussetzung für diesen Wettbewerb sind klare finanzielle Verhältnisse und die eindeutige Zuweisung von Verantwortung. Der Finanzausgleich muss deshalb auf das Nötigste reduziert werden. Nur so können leistungsstarke Bundesländer ihre Standortvorteile voll zum Tragen bringen und ausbauen.

Die Zahl der Bundesländer sollte in jedem Fall reduziert werden. Alle bisher vorgelegten Gutachten kamen zu dem Schluss, dass dies notwendig ist. Jetzt wäre endlich eine Entscheidung fällig. Was spricht denn dagegen, Berlin mit Brandenburg zu verschmelzen, die Hansestadt Bremen mitsamt Bremerhaven dem Bundesland Niedersachsen zuzuschlagen und den Stadtstaat Hamburg in das Land Schleswig-Holstein zu integrieren? Was spricht gegen einen Zusammenschluss von Rheinland-Pfalz mit dem Saarland?

Dabei bringen größere politische Einheiten nur Vorteile. Oder wäre Baden-Württemberg etwa zum Musterland geworden, wenn es Reinhold Maier im Jahr 1952 und danach Gebhard Müller nicht gelungen wäre, Baden, Württemberg-Baden und Württemberg-Hohenzollern gegen viele Widerstände zu einem Bundesland zu vereinen?

Sorgen wir also für eine sinnvolle Größe der politischen Einheiten und für Entscheidungsstrukturen, bei denen die Aufgabenverteilung und die Verantwortlichkeiten klar geregelt sind. Denn auch, wenn ich den Föderalismus und seine ineffizienten Entscheidungswege kritisiere: Ich halte ihn keineswegs für ein Auslaufmodell, ganz im Gegenteil. Ein föderal verfasster Staat ist sogar das beste Modell, um unsere Zukunftschancen optimal nutzen zu können.

Das sage ich als Unternehmer, für den Wettbewerb das beste Verfahren zur Wohlstandsmehrung ist. Und Föderalismus – reformiert und auf vielleicht zehn halbwegs gleich starke Bundesländer reduziert – ist im wohlverstandenen Sinne Wettbewerb, Wettbewerb der Bundesländer untereinander: um die höchste Wirtschaftskraft, die besten Lebensbedingungen, die geringste Arbeitslosigkeit.

Weil Wettbewerb der beste Motor für Fortschritt ist, muss auch eine Opposition – ob im Bundestag oder in einem Landesparlament – die Regierungspolitik immer wieder kritisch hinterfragen. Die Demokratie lebt schließlich vom konstruktiven Streit. Womit ich allerdings ein Problem habe, ist diese fundamentalistische Haltung, prinzipiell erst einmal alles rundum abzulehnen, was die Regierung auf den Tisch legt.

Das gilt selbstverständlich auch für den entgegengesetzten Fall: Warum eigentlich kann eine Regierung

nicht einmal einen guten Vorschlag der Opposition auf-
greifen und umsetzen? Offensichtlich doch nur, weil die
Parteien ein Interesse daran haben, sich dem Wähler
gegenüber zu profilieren. Doch der wendet sich von diesem Schauspiel – die Wahlbeteiligung der letzten Land-
tagswahlen belegt das eindrucksvoll – immer mehr ab.

Um diese Lethargie zu überwinden, um die Chancen
im globalen Wettbewerb und damit unsere Lebenssitu-
ation wieder positiv sehen zu können, müssen wir –
ökonomisch betrachtet – unsere Stärken schneller als
in der Vergangenheit in marktfähige Produkte umsetzen. Wir müssen Menschen mit guten Ideen eine
Chance geben, ein Unternehmen aufzubauen und damit am Markt erfolgreich zu sein.

Daran hindert uns allzu oft nicht nur eine schlep-
pende und wuchernde politische Maschinerie, sondern
auch eine damit durchaus zusammenhängende überbordende Bürokratie. Deutsche Unternehmen müssen
heute immerhin rund 5000 Gesetze und Verordnungen
mit insgesamt mehr als 85 000 Einzelvorschriften be-
achten. Als wäre das noch nicht Bürokratie genug, gibt
es auch noch rund 230 statistische Erhebungsverfah-
ren, an denen sich ein Unternehmen heute beteiligen
muss. Nach einer Studie des Kölner Instituts der deutschen Wirtschaft kostet die Bürokratie die Firmen Jahr
für Jahr 46 Milliarden Euro.[9]

Da fällt mir nur noch ein, was der große chine-
sische Philosoph Lao-Tse schon vor mehr als 2000
Jahren sagte: »Je mehr Verbote, desto ärmer ein
Volk.« Wobei ärmer in unserem Fall durchaus dop-
pelsinnig zu verstehen ist: ärmer an Ideen und ärmer
an Vermögen.

Schmerzlich erfährt das jeder, der versucht, hierzulande einen Betrieb zu gründen und damit fünf oder

zehn neue Arbeitsplätze zu schaffen. Er erlebt sein blaues Wunder, denn er rennt von einem Amt zum anderen und füllt Dutzende Formularseiten aus, bis er endlich die Genehmigung in der Tasche hat. Es würde mich freuen, wenn die von der neuen Regierung angekündigten Initiativen, Bürokratie abzubauen, wirklich Erfolg hätten, aber die Erfahrung lehrt, dass eben am Ende des politischen Diskurses nicht viel von noch so guten Vorsätzen übrig bleibt.

Es vergehen in Deutschland durchschnittlich 45 Tage, bis eine neue GmbH gegründet ist. Zum Vergleich: In Australien und Kanada brauchen Unternehmensgründer nur zwei Anträge zu stellen, um eine mit der deutschen GmbH vergleichbare Firma zu gründen. In der Regel ist das Procedere bereits nach zwei bis drei Tagen abgeschlossen. In den USA dauert es vier Tage, in den Niederlanden elf und in Großbritannien 18 Tage.[10]

Ich bin mir natürlich der Tatsache bewusst, dass Existenzgründer, wenn sie denn von ihrer Geschäftsidee überzeugt sind und noch dazu eine gehörige Portion Begeisterung und Leidenschaft mitbringen, sich von diesem Behördenmarathon sicher nicht entmutigen lassen. Trotzdem, etwas leichter sollte man es engagierten und mutigen Jungunternehmern schon machen.

Um nicht falsch verstanden zu werden: Die viel zitierte deutsche Gründlichkeit ist zweifellos eine Tugend, auf die wir eigentlich stolz sein können. Doch auf Gesetze und Vorschriften angewendet wird sie offensichtlich ganz schnell zur Untugend. Ich rede hier nicht dem »Wilden Westen« das Wort, in dem allein das Recht des Stärkeren gilt. Natürlich brauchen wir klare Regeln, die vom Gesetzgeber vorgegeben sind.

Ohne Gesetze funktioniert ein Gemeinwesen nun einmal nicht.

Doch manchmal sollten wir uns an ein kluges Wort des Sozialdemokraten Willy Brandt erinnern, das er in einem Alter zum Besten gab, als er keine Ämter mehr anstrebte: »Das Bedürfnis der Menschen nach Freiheit verändert die Welt, nicht die Sehnsucht nach Gleichheit.«

Wie wäre es denn, wenn jedes Ministerium verpflichtet würde, jährlich fünf Prozent der Gesetze und Verordnungen zu entstauben? Das wäre doch ein positives Signal: Seht her, wir reden nicht nur über den Abbau der Bürokratie, wir packen die Probleme tatsächlich an.

Damit wären wir bei einem zentralen Punkt meiner Überlegungen, beim entscheidenden Stichwort: Beispiele geben. Wer Vertrauen schaffen will in diesem Land und eine Aufbruchstimmung erzeugen, der muss die richtigen Diskussionen führen und die richtigen Entscheidungen treffen.

Ich will deshalb die Dinge, die ich für dringend notwendig halte, in sechs Forderungen an die Politiker konkretisieren:

1. Sagen Sie den Menschen, wie die Situation ist, und formulieren Sie eine Vision. Schaffen Sie Aufbruchstimmung statt Depressionsgenörgel.
2. Reformieren Sie endlich den Föderalismus so durchgreifend, dass Entscheidungen zügig fallen können und die Verantwortlichkeiten klar zu erkennen sind. Dazu gehört auch eine Reduzierung der Zahl der Bundesländer.
3. Streichen Sie die Subventionen, die nur die Trägen belohnen, die Vergangenheit zementieren und einen

Aufbruch in zukunftsfähige Märkte und Strukturen verhindern.

4. Fördern Sie Bildung, Forschung und Entwicklung und nutzen Sie so unsere Stärken, mit denen wir die besten Chancen im internationalen Wettbewerb haben.

5. Sorgen Sie dafür, dass in Brüssel Wettbewerbsbedingungen entstehen, die Unternehmen und Arbeitnehmern in Deutschland und Europa eine faire Chance lassen.

6. Machen Sie endlich Ernst mit dem Abbau der Bürokratie, damit die Menschen die Freiheit haben, die sie brauchen, um selbstverantwortlich wirtschaftlichen Erfolg zu erreichen.

Das Beispiel Porsche

oder:
Dem Geschickten
gehört die Zukunft

Es gibt Momente im Leben, da reibt man sich einfach nur die Augen. Hat man womöglich etwas falsch verstanden? Nach mehrmaligem Hinhören oder Nachfassen begreift man das eigentlich Undenkbare: Ja, es ist so. Und weil niemand dieses Undenkbare denkt, weil niemand eine solche Meldung auf seinem Radarschirm hat, nimmt man es als Paukenschlag wahr. Ich kann das nachvollziehen. Die Nachricht über unseren VW-Einstieg kam überraschend, und sie war eine Überraschung.

So erging es wohl den meisten mit unserer Absicht, größter Einzelaktionär bei der Volkswagen AG zu werden. Deshalb haben wir auch nicht damit gerechnet, dass wir nur Beifall ernten würden. Denn an diese Botschaft musste man sich erst einmal gewöhnen. Zugegeben: Einfach zu verstehen war sie auch nicht. War es nicht gelernte Übung anzunehmen, dass ein Großer bei Porsche einsteigt – wenn überhaupt – und nicht umgekehrt?

Geradezu reflexartig haben die Gralshüter der Corporate Governance ihren warnenden Zeigefinger erhoben. Viele Finanzjournalisten hatten eher die Risiken im Auge und weniger die Chancen. Was – so dachte mancher – mag wohl in die Zuffenhausener gefahren sein? Aktionäre und Aktionärsvertreter haben sich gefragt: Wo liegt der Sinn des Ganzen? Warum investiert Porsche eine Milliardensumme in diese Beteiligung, wo sie doch bislang immer die Notwendigkeit eines komfortabel dotierten Finanzpolsters für die Absicherung der eigenen Zukunft betont haben? Und: Gibt das Stuttgarter Unternehmen durch die Verbindung mit dem Wolfsburger Konzern nicht den Gedanken seiner Eigenständigkeit auf?

Gefragt wurde allerdings nur rhetorisch. Denn nach Einschätzung so ziemlich aller Meinungsmacher – kompetenter wie selbst ernannter – haben wir uns und offensichtlich dem Rest der kapitalistischen Hemisphäre im Herbst 2005 etwas Schlimmes angetan. Wir hätten, so ließ man uns lautstark wissen, den guten Pfad der Tugend verlassen – mehr noch: Wir seien übermütig geworden und setzten unseren mit Mühen und Schweiß erarbeiteten Erfolg mit einem Schlag aufs Spiel. Mit jedem Meter, den viele Kommentatoren ins vermeintliche Dickicht unserer Beweggründe drangen, erhärtete sich ihr Urteil: Wir hatten offensichtlich etwas falsch gemacht.

Ja, der kleinste selbstständige Automobilhersteller der Welt hat sich zum größten Einzelaktionär von Europas größtem Automobilhersteller aufgeschwungen. Porsche hat sich an Volkswagen beteiligt. Der Schwanz wackelt mit dem Hund. So etwas tut man nicht.

Zwar hatten die Wächter über den richtigen Managementglauben mittlerweile wohl akzeptiert, dass sich David gegen Goliath ganz gut behaupten kann und das Recht auf eine eigenständige unabhängige Existenz hat, aber unser Schritt ging diesmal ja noch viel weiter. Der Kleine wollte doch tatsächlich beim Großen mitreden, sich nicht einfach passiv in einer Nische einrichten und mit der ihm zugedachten Rolle abfinden, sondern seine

Geschicke in einer Kooperation aktiv mitgestalten. Das war denn doch etwas anderes als die üblichen Erwartungen und Verhaltensmuster in einer globalisierten Industrie.

Doch es entsprach einfach unserer Philosophie, so wie wir sie seit jeher verfolgen und besonders, seit ich Chef bei Porsche bin. Von den ersten Sanierungsschritten Anfang der 90er Jahre bis heute haben wir uns immer an unsere Grundsätze gehalten: klar sagen, was wir wollen, tun, was wir sagen, und dabei mutig unseren eigenen Weg gehen, der nicht der allgemeine Trampelpfad sein muss. Wer die Geschichte des Unternehmens kennt, von den Anfängen eines Ferdinand Porsche bis heute, der konnte von unserem Schritt eigentlich nicht überrascht sein. Und deshalb lohnt es sich auch, glaube ich, die wesentlichen Stationen noch einmal Revue passieren zu lassen. Manches wird dann auch für unsere Kritiker vermutlich leichter nachzuvollziehen sein.

Besonders den Vertretern der Investmentzunft hatten wir es mit unserem Schritt angetan. Sie kritisierten, dass wir unsere Liquidität offensichtlich »verheizten«, statt sie möglichst umfassend an unsere Aktionäre auszuschütten. »So schnell bekommen die Porsche-Aktionäre nun kein Bargeld mehr zu sehen«, nörgelten die Experten der Deutschen Bank und stuften die Aktie auf »Verkaufen«.[1] Und auch die Analysten der Investmentbank Morgan Stanley äußerten in einem Bericht Zweifel, dass Porsche das Geld den Aktionären zurückgeben wolle. Ihr Fazit war deshalb: »Uns ist die Motivation von Porsche nicht klar.«[2]

Ein anderer konstatierte fassungslos: »Einer der wichtigsten Grundsätze von Porsche war es immer, Kapital zu bilden für schlechte Zeiten. Dies scheint eine komplette Umkehr dieser Philosophie zu sein.«[3] Ungläubiges Kopfschütteln bewirkte schließlich die angebliche Rückkehr der so genannten Deutschland AG. »Es sieht aus wie die alte traditionelle deutsche Industrielösung«, schrieb das Bankhaus Metzler.[4] Ein Londoner Finanzinvestor fand es schlicht »unglaublich, dass die deutsche Wirtschaft eine solche Lösung« zulasse.[5]

Bei so viel vorwiegend anglo-amerikanischer Kritik aus der Finanzwelt konnten natürlich auch deutsche Medien nicht zurückstehen. Die *Welt am Sonntag* sah ebenfalls das Comeback der Deutschland AG und die *Frankfurter Allgemeine Sonntagszeitung* ließ es sich nicht nehmen, »die Sehnsucht nach dem Autokombinat« zu kritisieren, angereichert mit einem Zitat aus der Londoner *Financial Times*: »Zuletzt haben wir Briten das mit British Leyland – einem nationalen Autokombinat – in den 70er Jahren versucht. Das war dann auch das Ende der britischen Automobilindustrie.«[6]

Die amerikanische Investmentbank JP Morgan meinte sogar, uns vorrechnen zu müssen, dass wir unser Geld besser in eigene Fabriken gesteckt hätten, als es bei VW zu investieren, weil das 40 Prozent günstiger gewesen wäre. Da reibt man sich dann wirklich die Augen und fragt sich: Meinen die das tatsächlich ernst?

Ja, wir hätten mit unserem Geld auch Fabriken für unsere Baureihen errichten können. Wir müssten dann nicht mehr einen Teil unserer Autos in Finnland produzieren lassen oder die Rohkarosserien für den Cayenne von VW beziehen. Diese Fragen standen im Raum, als wir uns überlegten, bei Volkswagen einzusteigen. Deshalb kann ich aus voller Überzeugung sagen: Die Rechnung von JP Morgan ist falsch. Mit dieser Logik der selbst ernannten Experten hätten wir uns nur hohe Fixkosten aufgehalst. Denn wir müssten diese Kapazitäten auch in schlechten Zeiten auslasten, was uns einen Rattenschwanz von Problemen einbrächte.

So ist JP Morgan wieder einmal ein Beleg dafür, wie die bloße Aneinanderreihung von Zahlen außerhalb der ökonomischen Realität in die Irre führen kann. Auf Experten wie JP Morgan kann man also gut verzichten.

Ein weiteres Mitglied dieser Gilde sah in unserem Engagement »die deprimierende Bestätigung, dass der Kapitalismus alter Prägung in Deutschland noch vorzufinden« sei.

Zum Glück, kann ich da nur sagen. Denn nach der Logik dieser Herrschaften dürfte es uns eigentlich gar nicht mehr geben. Es waren die Experten aus der Finanzwelt, die uns und der geneigten Öffentlichkeit vor Jahren bescheinigten, dass wir keine Überlebenschance hätten. Was ist da alles aufgefahren worden an Argumenten: Es fehle uns die kritische Größe, die ausreichende Marktdurchdringung, die für Neuentwicklungen notwendige Finanzkraft, das erforderliche Führungspersonal und – überhaupt – die Kraft, im Haifischbecken des knallharten Wettbewerbs mittelfristig auch nur einen Schlag zu tun.

Wer Porsche in Zusammenhang mit Beteiligungen stellte, kannte nur eine Richtung: Der Große übernimmt den Kleinen. Haben nicht viele Wettbewerber, Banker und Kommentatoren immer wieder an unserem Ziel der Selbstständigkeit gezweifelt? Hat man uns nicht immer wieder unterstellt, im Fusionswettlauf irgendwann unter die Räder zu kommen?

Und jetzt – jetzt hat der Kleine einfach zugeschlagen. Das musste zu einem Aufschrei führen – unter den bisherigen Akteuren, unter denen, die sich gerade anschickten mitzuspielen, und vielfach auch unter den sich der Finanzwelt zugehörig fühlenden Beobachtern.

Diejenigen, die sich so äußern, haben bei ihren Geschäften allerdings auch anderes im Sinn als wir, das habe ich in den vorigen Kapiteln immer wieder erläutert. Sie übernehmen Unternehmen mit geliehenem Geld, bürden den Firmen ihre Schulden auf und verkaufen sie nach einer Schamfrist wieder mit hohen Gewinnen. Es gibt Beispiele zuhauf, wie gut gehende, solide Unternehmen nach diesen Operationen mit einem nicht selbst verursachten Schuldenberg aus der Bahn geraten sind. Man könnte einfach zur Tagesordnung übergehen, wenn es nicht so viele Betroffene gäbe.

Aber ich bin weit davon entfernt, den Zeigefinger zu erheben. Die Strategie der Investmenthäuser ist nicht verboten, vielfach auch nicht einmal unerwünscht, hin und wieder sogar sinnvoll. Eins ist jedoch ganz klar: Das ist nicht unser Modell, und wir verstehen unter Beteiligung auch etwas anderes.

Zunächst einmal grundsätzlich: Jeder weiß, dass wir uns immer für Beschäftigung in Deutschland stark gemacht haben. Ich stehe zu Deutschland, und wenn uns eine deutsche Lösung einfällt, ist das doch eine gute Sache. Warum sollte ein Deal besser sein, nur weil er international ist? Wenn das Land aus sich heraus stark sein und erfolgreich arbeiten kann, dann sollte das doch allen nur recht sein. Von politischer Seite gab es deshalb auch in Deutschland durchaus positive Reaktionen. Als ich kurze Zeit nach dem VW-Einstieg in Asien war, habe ich erst recht keinen einzigen kritischen Ton gegen eine deutsche Lösung gehört.

Die Kritik an unserem VW-Engagement lässt sich im Grunde genommen auf einen Punkt reduzieren: Man unterstellt uns, wir könnten nicht mit Geld umgehen. Diese Kompetenz, so glauben offensichtlich viele Finanzinvestoren, hätten nur sie gepachtet. Und deswegen hätten auch nur sie ein Abonnement auf die großen Deals. Diese Suppe haben wir ihnen versalzen.

Dabei operieren wir bei allem Bewusstsein für das Risiko mit einem großen Selbstbewusstsein und nicht minder ausgeprägter Selbstsicherheit. Denn ein paar Monate nach dem VW-Einstieg, im Januar 2006, bescheinigten uns zweieinhalbtausend Führungskräfte der deutschen Wirtschaft, das Unternehmen mit dem besten Image hierzulande zu sein. Mit größerem Abstand als je zuvor konnten wir vom *Manager Magazin* eine der begehrtesten Auszeichnungen entgegennehmen. Als hätte es noch eines Beweises bedurft, wurde uns abermals bescheinigt, dass die Kluft zwischen der Wahrnehmung in der Finanzwelt einschließlich der sie umgebenden Fachjournalisten und der Wahrnehmung der Unternehmenswelt nicht größer sein kann.

Nur kurze Zeit später, ebenfalls im Januar 2006, habe ich unseren Aktionären auf der Hauptversammlung erklärt, warum wir dreieinhalb Milliarden Euro selbst erwirtschafteten Geldes zukunftssicher in Volkswagen gesteckt haben. Und unsere Aktionäre haben mir applaudiert – nicht nur wegen des Imagepreises, nein, auch wegen unserer Entscheidung für Volkswagen. Denn wir haben uns bei der Frage für oder gegen eine solche Beteiligung nicht von der Überlegung leiten lassen, wie wir Analysten und Finanzinvestoren noch mehr ärgern könnten. Wir hatten und wir haben dafür eine unternehmerische Logik, auch wenn sie sich nicht gleich jedem erschließt.

Die Aktionäre von Porsche haben unseren Mut honoriert, wie man an der Entwicklung unseres Aktienkurses nach dem spektakulären Deal unschwer erkennen kann – unseren Mut für einen Schritt, den niemand erwartete und der doch so nahe liegend war.

Auf das Urteil unserer Aktionäre, die uns in all den Jahren treu zur Seite standen, gebe ich weit mehr als auf so genannte Experten, die uns immer wieder das nahe Ende prophezeiten. Denn es waren unsere Aktionäre, die Mut gezeigt haben, als sie ihr Geld auch in kritischen Zeiten in unser Unternehmen investierten.

Wir haben in den vergangenen Jahren bewiesen, dass wir auch einiges vom Geld verstehen. Aktionäre und Mitarbeiter haben an dieser Entwicklung immer gebührend teilgehabt. Der Einstieg bei VW war nur möglich, weil sich Porsche nicht nur hervorragend entwickelt hatte, sondern weil wir – anders als viele andere – geradezu peinlichst bemüht waren, die Rendite nicht aus dem Blick zu verlieren. Das hat sich ausgezahlt und hat uns stark gemacht. Mittlerweile verfügen wir über einen finanziellen Status, von dem unsere Konkurrenten nur träumen können.

Mit unseren Zahlen brauchen wir uns vor niemandem zu verstecken, und deshalb wollen wir uns auch nicht weiter rechtfertigen vor jenen, die uns eher sentimentale als rationale Gründe für den VW-Einstieg unterstellen. Wir wissen, wie man Geld vermehrt. Wir wissen aber auch, dass dies im Automobilgeschäft kein Honigschlecken ist. Dass uns diese Früchte nicht einfach in den Schoß gefallen sind, kann man durchaus an den Bilanzen unserer Wettbewerber studieren. Dort kann man sehen, dass viele der wohlklingenden Namen im Segment für Premiumfahrzeuge blutrote Zahlen schreiben. Also irgendetwas müssen wir schon richtig gemacht haben, zumindest so viel sollte man uns zugestehen.

Was aber ist die unternehmerische Logik bei unserem Schritt, größter Aktionär von VW zu werden? In unserem neuesten Imagefilm »Na denn« erzählen wir fast beiläufig – um nicht zu sagen: spielerisch – die Geschichte, warum wir uns bei Europas größtem Automobilhersteller beteiligt haben. Denjenigen, die alle noch so guten rationalen Argumente nicht gelten lassen wollen, legen wir am Schluss den von Volkswagen entliehenen Slogan ans Herz: Ja, es stimmt, wir handelten auch »aus Liebe zum Automobil«.

Wer, wenn nicht wir, darf diesen Anspruch erheben? Unsere Wettbewerber? Scheichtümer? Investmenthäuser? Pensionsfonds? Hedge-Fonds? Alle haben sie Interessen, die nichts mit Volkswagen zu tun haben und zu einem überwiegenden Teil noch nicht einmal mit dem Automobil.

Wir haben mit unserer Beteiligung etwas anderes vor als Finanzinvestoren. Wir verstehen etwas vom Automobilgeschäft und wir wissen, wie man Effizienz in dieses Geschäft bringt. Wir wollen dazu beitragen, dass Volkswagen unabhängig bleibt und sich im harten Konkurrenzkampf weltweit behauptet, wir wollen, dass die Kooperation zwischen uns gegenseitigen Nutzen bringt und unsere Beteiligung eine ordentliche Rendite abwirft.

Aber wir sind ein Unternehmen, das auf Langfristigkeit setzt, nicht auf kurzfristige Erfolge. Für uns ist diese Investition eine Vision für die Zukunft. Es geht nicht darum, morgen die höheren Dividenden abzugreifen oder hohe Kursgewinne zu machen.

Wir haben im vergangenen Jahrzehnt hinreichend unter Beweis gestellt, dass unser Geschäftsmodell hochprofitabel ist. Daran wollen wir festhalten, damit wir auch morgen Erträge erwirtschaften, die es uns erlauben, unser Wachstum aus eigener Kraft zu finanzieren. Die Volkswagen-Beteiligung wird dabei eine Schlüsselrolle spielen, weil ohne die Fortführung der erfolgreichen Kooperation mit Volkswagen das Modell – zumindest langfristig – gefährdet wäre.

Die Skeptiker, die um unsere Eigenständigkeit bangen, können also beruhigt sein. Nichts läge uns ferner, als diese aufzugeben – das Gegenteil ist der Fall. Mit dem Investment werden wir unsere Selbstständigkeit absichern. Denn wir werden nur dann eigenständig planen können, wenn wir auch morgen Erträge erwirtschaften, die es uns erlauben, unser Wachstum aus eigener Kraft zu finanzieren. Es ist deshalb das erklärte Ziel von Porsche, unser erfolgreiches Geschäftsmodell auch in Zukunft beizubehalten.

Dreh- und Angelpunkt des Systems von Porsche ist die geringe Fertigungstiefe, die mit weniger als 20 Prozent die niedrigste in der gesamten Automobilindustrie weltweit ist. Das führt zu verhältnismäßig niedrigen Fixkosten, setzt aber gleichwohl eine hohe Flexibilität mit exzellenten Zulieferfirmen voraus und ist nur darstellbar über eine Unternehmenspolitik der verlängerten Werkbänke, wie wir es mit Valmet in Finnland und Volkswagen praktizieren.

Wir beschränken uns auf unsere Kernkompetenzen: Die Fahrzeugentwicklung, den Motorenbau, Rohbau und Lackierung bei unseren Sportwagen, die Montage, die Qualitätskontrolle sowie den hochprofessionellen Vertrieb unserer Fahrzeuge. Was wir neu gelernt haben und in der Zwischenzeit hervorragend beherrschen, ist das Management des Produktionsverbunds der verlängerten Werkbänke mit unseren Fabriken.

In dieser Aufgabenteilung liegt unsere Stärke. Diese Geschäftsausrichtung wollen wir mit unserem Einstieg bei VW nicht nur sichern, sondern auf vielen Feldern ausbauen. VW ist für uns nicht nur ein wichtiger Fertigungspartner, sondern auch ein bedeutender Technologiepartner. Die industrielle Logik unserer Beteiligung an Volkswagen liegt denn auch und gerade darin, die Grundlage dafür zu schaffen, sich gegenseitig Technologiebereiche zugänglich zu machen und gemeinsam zum beiderseitigen Nutzen weiterzuentwickeln.

Wenn wir beispielsweise eine Elektronikplattform gemeinsam nutzen, hilft es uns und Volkswagen gleichermaßen. Ähnliches trifft auf den Hybridantrieb zu, und ein gutes Beispiel ist die Kooperation beim Cayenne und Touareg. Durch die Zusammenarbeit mit Porsche wurden die Kosten des Touareg um ein Drittel gesenkt, er wäre sonst nicht wirtschaftlich für VW. Das beweist doch, dass eine Zusammenarbeit beiden nützt.

Natürlich wissen wir um die Stimmen, die behaupten, derartige Kooperationen seien auch ohne finanzielle Beteiligung möglich. Doch bei einer Aufhebung des VW-Gesetzes könnte es leicht zu einer feindlichen Übernahme von Volkswagen durch solche Investoren kommen, die gegenüber einer langfristigen Fortführung unserer Kooperationen nicht aufgeschlossen wären. Wie real diese Gefahr bereits war, konnte man im Herbst 2005 am Kapitalmarkt erleben, als außer uns noch andere in großem Umfang VW-Aktien kauften. Und zwar zu Kursen, die wir nicht bezahlt hätten.

Wäre es gar zu einer Zerschlagung des VW-Konzerns gekommen, wäre dieser Vorgang nicht mehr revidierbar. Er wäre für uns ein Faktum, dessen Auswirkungen wir uns gar nicht schlimm genug ausmalen können. Die unternehmenspolitische Herausforderung für uns bestand deshalb darin, einen solchen Fall, auf den wir keinen Einfluss mehr hätten, von vornherein zu verhindern. Anders gesagt: Ohne Beteiligung wäre das Risiko für uns existenziell gewesen. Deshalb war für uns klar, dass wir den Schritt gehen mussten.

Als Erstes haben wir ein Gerüst um unsere Beteiligung gebaut. Mit einem Grundlagenvertrag wurden die Grundsätze festgelegt, die für künftige Kooperationen zwischen den Unternehmen gelten sollen. Beide Partner können dadurch gemeinsame Projekte ohne Zeitverlust bei Vertragsverhandlungen in Angriff nehmen und sich bei deren Umsetzung auf die jeweils wesentlichen technischen und kaufmännischen Inhalte konzentrieren.

Es ist eine Tatsache, und wir wissen es, dass Porsche von gemeinsamen Projekten in Forschung, Entwicklung, Beschaffung und Produktion nachhaltig profitiert. Alles in allem streben wir mittelfristig aus unserem Investment einen zusätzlichen jährlichen Nutzen an, der sich mindestens auf einen dreistelligen Millionenbetrag belaufen wird. Das größte Synergiepotenzial sehen wir dabei im Bereich Technologie und Entwicklung.

Ein erhebliches Einsparpotenzial erwarten wir auch bei den Herstellkosten. So könnten wir beispielsweise die Einkaufsmengen bei Rohstoffen, Betriebsmitteln oder Verbrauchsmaterialien bündeln, Materialkosten durch die gemeinsame Verwendung von Bauteilen und Modulen senken wie auch durch die Zusammenlegung von Transportvolumina und Lagerkapazitäten Logistikkosten einsparen. Potenziale sehen wir auch bei den Finanzdienstleistungen und der Informationstechnologie.

Aus dieser Aufzählung lässt sich leicht ein substanzieller Nutzen sowohl für Porsche als auch für Volkswagen ableiten. Stütze für unser Geschäftsmodell wird aber die Nutzung bestehender Produktionsanlagen sein. Denn bei den Überkapazitäten, die heute in der Automobilindustrie weltweit herrschen, wäre es geradezu betriebswirtschaftlicher wie volkswirtschaftlicher Unsinn, selbst neue Kapazitäten aufzubauen. Nein, zu unserem Geschäftsmodell gehört es, unausgelastete Kapazitäten bei Dritten zu nutzen – zum gegenseitigen Vorteil. Genau dieses Geschäftsmodell hat uns auch beim Panamera geleitet. Weil die Kapazitäten bei VW nicht ausgelastet sind, wäre es doch geradezu unvernünftig und unverantwortlich, wenn wir in Leipzig ein eigenes Presswerk und eine Lackieranlage bauen würden. So nutzen wir die Kapazitäten in Hannover, senken damit unsere Fixkosten und helfen VW bei der Auslastung. Ganz nebenbei verdient VW damit auch gutes Geld.

Mit diesem Modell schaffen wir Arbeitsplätze, schütten ordentliche Dividenden aus, zahlen gute Löhne und Boni, sind an allen unseren Standorten jeweils die größten Steuerzahler und erfüllen damit gleichsam eine gesellschaftliche Pflicht.

Es scheint, als wäre dies das selbstverständliche, das normale Verhalten von Unternehmen, so wie es die Mehrheit der Deutschen laut Umfragen erwartet – vermutlich die meisten Menschen überall auf der Welt. Tatsächlich aber gehört Mut dazu, und das sage ich nicht aus Eigenlob, sondern zunächst einmal als Anerkennung für die Aktionäre. Denn die müssen ihr Geld auch in schwierigen Zeiten geben, dann, wenn der Erfolg nicht eindeutig erkennbar ist. Sie müssen den Mut haben, dem Management ihres Unternehmens zu vertrauen.

Und die Unternehmensführung muss mit eigenem Mut den Mut der Aktionäre belohnen. Denn was wirklich zählt für einen Unternehmer, ist der Mut, die eingelaufenen Trampelpfade zu verlassen, neue Wege zu suchen und zu gehen. Auch hier gilt für uns bei Porsche das Motto: Anders ist besser. Wer nur darüber nachdenkt, was er falsch machen könnte, kommt nicht auf das Naheliegende. Er ist so stark damit beschäftigt, sich die Argumentationskette seiner Verteidigung immer wieder zusammenzureimen, dass er die Geldscheine auf der Straße nicht sieht. Mutige Unternehmer tun etwas, was außerhalb des Gewohnten zu finden ist. Nur wer Dinge tut, die andere nicht tun, wird letztlich mit Erfolg belohnt.

Diese Maxime hat uns immer geleitet, zuletzt bei unserer Entscheidung, größter Einzelaktionär von VW zu werden, und auch all die Jahre zuvor. Es war durchaus nicht selbstverständlich, dass wir 2002 zum ersten Mal ein Auto auf den Markt gebracht haben, das kein originärer Sportwagen ist – den Cayenne. Auch damals sind wir reichlich gescholten worden, und die Kritiker warfen uns vor, den Markenkern aufzuweichen und damit den Erfolg zu gefährden. Wir wussten, dass die Sanktionsfähigkeit des Markts unerbittlich wäre, wenn unser sportliches Geländefahrzeug kein Erfolg werden sollte. Auch damit konnten wir umgehen, denn wir waren schon immer mit der Frage von Sein und Nichtsein befasst – von der Unternehmensgründung an und auch in Zeiten, in denen es nach außen hin nicht so ausgesehen hat.

Auch als Ferdinand Porsche sich 1931 mit einem Konstruktionsbüro, der »Dr. Ing. h. c. F. Porsche GmbH Konstruktion und Beratung für Motoren und Fahrzeugbau«, selbstständig machte, da gehörte gewiss eine gehörige Portion Mut dazu. Denn zu der Zeit waren rund sechs Millionen Menschen in Deutschland arbeitslos und kaum jemand glaubte, dass sich daran in absehbarer Zeit etwas ändern würde. Kein günstiger Zeitpunkt also, um neu in ein Geschäft einzusteigen. Und gewiss nicht, um für den Anfang 1934 vorgestellten Plan eines einfachen »Volkswagens« auch den notwendigen Markt zu finden.

Doch als die Entscheidung gefallen war, das Auto in einem eigens dafür gegründeten Werk in Wolfsburg zu bauen, reiste Ferdinand Porsche in die USA, um die modernsten Fertigungsmethoden zu studieren. 1936 besichtigte er in Detroit die Fabrik von Henry Ford, damals das Nonplusultra der Massenproduktion, und ein Jahr später fuhr er mit seinem Sohn Ferry noch einmal in die Vereinigten Staaten.

Die mutigen und legendären Erfindungen unserer Gründerfamilie sind schließlich die Basis des Unternehmens bis heute. Allen voran der 356, unter der Leitung von Ferry Porsche mit dem Motor und den Teilen des Volkswagens konstruiert. Ausgerechnet 1948, in den Trümmern des Zweiten Weltkriegs, begann Ferry Porsche ein damals fast unglaubliches Projekt: den Bau eines reinen Luxusautos. »Vereinigte Hüttenwerke« titulierte er die erste Fabrik des Familienunternehmens in den Baracken eines ehemaligen Sägewerks in Kärnten. Ganze 53 Autos wurden dort in zwei Jahren von Hand hergestellt. Erst 1950 wanderte die Produktion wieder nach Stuttgart, wo bis 1965 rund 78 000 Fahrzeuge »vom Band liefen«.

Der 356 war zweifellos eines der Symbole des Wiederaufbaus und des Wirtschaftswunders. Die Autos waren Ausdruck von neuem Stolz und Selbstbewusstsein, sie waren das Symbol dafür, dass es immer noch Menschen gab, die sich nicht unterkriegen lassen wollten. Sie waren aber auch Ausdruck für den Mut der Firmengründer, in schwierigen Zeiten an die Zukunft zu denken und mit außergewöhnlichen Ideen neue Wege zu suchen.

Das gilt natürlich erst recht für den legendären Porsche 911, der inzwischen mehr als 40 Jahre Automobilgeschichte schreibt, die noch lange nicht vorbei ist – ganz im Gegenteil. Den Ingenieuren von Porsche gelang damit erneut ein großer Wurf, allen voran Ferry Porsches Sohn Ferdinand Alexander, der mit dem Design eine Ikone der Automobilgeschichte schuf. Die Form des Elfers folgt bis heute den Grundsätzen »Form follows function« sowie »Design ist keine Mode« und damit unserem Grundprinzip, langfristig zu denken und zu handeln.

Dieser Geist und diese Gestaltungskraft waren auch die Basis, auf der Porsche den Turnaround Anfang der 90er Jahre schaffte. Wir haben uns auf alte Tugenden besonnen und wir haben unseren eigenen Weg gefunden. Das war auch deshalb möglich, weil die Eignerfamilien fest zu ihrem Unternehmen standen. Ferry Porsche hatte sich schon 1988, als die ersten Krisensymptome sichtbar wurden, klar und deutlich geäußert: »Ich habe meinen Familiennamen doch nicht hergegeben, um das Unternehmen meistbietend abzustoßen und Kasse zu machen. Diese Philosophie mag für die Amerikaner gelten, nicht für uns.«[7]

Da war sie, diese typische Identifikation von Familienunternehmern mit ihrer Firma, diese langfristige Perspektive, die bei Schwierigkeiten nicht eben mal korrigiert wird. Zurückblickend stellt sich diese Haltung natürlich als goldrichtig heraus, damals aber hatte die Krise gerade erst begonnen, und sie verschärfte sich auf eine Weise, die Ende der 80er Jahre nicht absehbar war. Für viele Beobachter wurde deshalb mit der Zeit immer wahrscheinlicher, dass wir bald genauso von einem der Großen in der Branche geschluckt würden, wie es zuvor schon mit so illustren Namen wie Jaguar oder Ferrari, Lamborghini, Lotus, Saab, Alfa Romeo oder Aston Martin geschehen war.

Wären wir eine anonyme Kapitalgesellschaft gewesen, deren Aktionäre nur nach dem Quartalsgewinn und dem Shareholder Value geschaut hätten, dann wäre uns dieses Schicksal unausweichlich beschieden gewesen. So aber stellte Ferry Porsche, damals Vorsitzender des Aufsichtsrats, immer wieder gegenüber der Öffentlichkeit und vor allem den lauernden Aufkäufern klar, dass Porsche nicht zur Disposition stehe. Nichts kann im Rückblick deutlicher demonstrieren, wie wichtig eine langfristige Strategie ist und was es für ein Unternehmen und seine Mitarbeiter bedeutet, wenn sich die Aktionäre nicht an der kurzfristigen Maximierung des Profits orientieren, sondern an der langfristigen Steigerung des Unternehmenswerts.

Denn die Lage war Anfang der 90er Jahre äußerst dramatisch. Im Boomjahr 1986 hatte Porsche mehr als 50 000 Autos verkauft, fast zwei Drittel davon in den USA; im Modelljahr 1993 waren es gerade noch 11 500, ganze 3000 in Nordamerika. Der Dollarkurs, Mitte der 80er Jahre noch auf einem Rekordhoch, war eingebrochen und hatte das Geschäft in Amerika praktisch zum Erliegen gebracht. Aus guten Gewinnen wurden Verluste in dreistelliger Millionenhöhe. Die dringendste Aufgabe war also zunächst, die Kosten in den Griff zu bekommen. Zu diesem Zweck haben wir wieder die neuesten Produktionsmethoden studiert und adaptiert. Doch diesmal mussten wir dafür nicht in die USA reisen, sondern nach Japan.

Danach haben wir Produkte geschaffen, die für viele Menschen in vielen Ländern erstrebenswert sind. Dies gilt natürlich zuallererst für den Porsche 911, den Sportwagen schlechthin, der kontinuierlich weiterentwickelt wurde. Nach und nach kamen weitere Baureihen hinzu, die das Wachstum des Unternehmens getragen und damit die Eigenständigkeit gesichert haben: erst der Boxster, dann der Cayenne, schließlich der Cayman und demnächst auch noch der Panamera. Sie alle stoßen auf große Nachfrage, sie haben ihren Markt gefunden, obwohl Kritiker sie zum Teil mit großer Skepsis begleiteten. Heute ist Porsche in mehr als 100 Märkten auf dieser Welt präsent, Anfang der 90er Jahre waren es gerade 40.

Doch am Ende kommt es darauf an, nicht nur Kunden für seine Produkte zu finden, sondern auch gesellschaftliche Anerkennung. Gerade ein Luxusprodukt wie ein Porsche, von dem man weiß, dass ihn sich nicht jeder leisten kann, muss gesellschaftlich geachtet sein, damit der Besitzer ihn auch zeigen kann. Es ist wie mit einem Diamanten: Wenn man den nur zu Hause tragen kann, ist das nicht der Sinn der Sache.

Die drei wichtigsten Schritte waren also klar, als ich 1992 Vorstandschef von Porsche wurde: Kostenmanagement, Produkte und Märkte entwickeln, Profil schärfen. Bei jedem dieser Schritte kam es darauf an – und darauf wird es auch in Zukunft ankommen –, den Mut zu haben, alte Trampelpfade zu verlassen und neue Wege zu gehen. Alte Werte immer wieder den neuen Herausforderungen anzupassen, das ist die Erfolgsformel der Zukunft – für Gesellschaften genauso wie für Unternehmen.

Den ersten Schritt leitete ich bereits ein, als ich 1991 als Vorstand für Produktion und Materialwirtschaft zu Porsche zurückkam. Nach meinem Studium des Maschinenbaus an der Rheinisch-Westfälischen Technischen Hochschule in Aachen war ich 1983 als Referent dieses Vorstandsbereichs zu Porsche gegangen.

Dort hatte ich gearbeitet, bevor ich 1988 zur Glyco Metallwerke KG wechselte, einem Wiesbadener Autozulieferer. Ich habe dort eine harte Sanierung durchgezogen und das Unternehmen wieder profitabel gemacht. Obwohl ein mittelständischer Familienbetrieb, war das Unternehmen weltweit mit acht Werken als Partner aller Autokonzerne präsent und damit mit den modernsten japanischen Produktionsmethoden vertraut.

Das aber konnte man damals von Porsche nicht behaupten. Die Sportwagenschmiede war eine klassische deutsche Firma mit einer intensiven Konzentration auf das Produkt. »Die Topmanager bei Porsche waren, wie es in Deutschland üblich ist, brillante Produktingenieure, die fest davon überzeugt waren, dass das Unternehmen mit dem besten Produkt den langfristigen Wettbewerb gewinnen wird«, schreiben die angelsächsischen Managementprofessoren James P. Womack und Daniel T. Jones in ihrem lesenswerten Buch über moderne Unternehmensführung, in dem sie auch die Sanierung von Porsche ausführlich schildern.[8] Diese starke Fokussierung auf das Produkt, zweifellos nicht unwichtig bei der Herstellung von Premiumfahrzeugen, ging einher mit einer starken Handwerkskultur. Die Herstellung eines Sportwagens in Zuffenhausen war reinstes Handwerk und auf keinen Fall Massenproduktion.

Damit einher gingen eine starre, hierarchische Organisation der Fertigung und feste Bindungen an eine Vielzahl von Zulieferern, die zum Teil bis zum Start der Produktion in Stuttgart zurückreichten. Die Beziehungen waren so tief verwurzelt, dass Kosten oder Verlässlichkeit der Lieferung oft nur eine nebensächliche Bedeutung hatten. Kein Wunder, dass Porsche die Teile noch einmal vollständig kontrollierte und ein riesiges Lager unterhielt, um Unterbrechungen bei der Lieferung auszugleichen.

Wie groß der Aufwand war, mögen einige Zahlen verdeutlichen: Ende der 80er Jahre wurden 20 Prozent aller Teile mehr als drei Tage zu spät angeliefert, ein Drittel der Lieferungen hatte die falsche Menge und 10 000 Teile von jeder Million waren defekt. Bei Toyota dagegen, schon damals der absolute Vergleichsmaßstab, waren nur ungefähr fünf Teile von jeder Million unbrauchbar und sie wurden zu mehr als 99 Prozent termingenau und in der richtigen Menge geliefert.[9]

Als Porsche 1977 das erste Montageband in Betrieb nahm, funktionierte das nach dem Prinzip, alle Teile möglichst schnell zu montieren und Fehler anschließend in einem aufwendigen Prozess am fertigen Auto zu beseitigen. So entstand schließlich ohne Rücksicht auf die Kosten ein Produkt mit einer im weltweiten Vergleich äußerst geringen Quote von Beanstandungen.

Hinzu kamen Probleme in der Modellpolitik. Der Markt für das Einsteigermodell 944, im Spitzenjahr noch der meistverkaufte Porsche, war regelrecht eingebrochen. Der Porsche 928 sollte eigentlich das Nachfolgemodell des 911 werden. Als die Kunden den Wagen mit Frontmotor und Hinterradantrieb verschmähten, wurde der 911 weiterproduziert. Obendrein drängten auch noch die japanischen Hersteller verstärkt in das Marktsegment der Sportwagen. Wie aber konnte eine tragfähige und vor allem wettbewerbsfähige Modellpolitik für die Zukunft aussehen? Jeder Modellwechsel gestaltete sich in der brisanten Situation Anfang der 90er Jahre zu einer Wette auf das Unternehmen.

Doch das fundamentale Problem bei Porsche waren die Kosten. Die Autos waren zu teuer und die Kunden, vor allem in Amerika, konnten sie sich nicht mehr leisten. Die besten japanischen Firmen wie Toyota benötigten nur einen Bruchteil der Zeit, des Materials, der Lagerbestände, Werkzeuge und Räumlichkeiten, um ein Auto herzustellen, das einem Porsche fast Konkurrenz machen konnte. Daraus folgte aber auch, dass die Produktionszeiten und damit die Kosten drastisch gesenkt werden konnten, wenn man die japanischen Methoden einsetzen würde.

Das war die Situation, als ich 1991 Produktionsvorstand bei Porsche wurde. Da ich einerseits das Unternehmen von meiner früheren Tätigkeit her kannte, andererseits aber auch bei Glyco die japanischen Produktionsmethoden kennen gelernt hatte, wusste ich genau, wo ich ansetzen musste. Als Erstes verordnete ich meinen Mitarbeitern die sorgfältige Lektüre der gerade erschienenen MIT-Studie »Die zweite Revolution in der Autoindustrie«.[10] Die Arbeit zeigte mit einer Fülle von Daten, dass die Organisation von Unternehmen, von der Produktion bis zur Kundenbeziehung, in europäischen und speziell auch deutschen Firmen weit hinter dem zurückblieb, was die Japaner und insbesondere Toyota seit dem Zweiten Weltkrieg entwickelt hatten.

Also war klar, dass es mit der Lektüre eines oder mehrerer schlauer Bücher nicht getan war. Insbesondere auch deshalb, weil die Mitarbeiter von Porsche, vom Werker bis zu den Entwicklungsingenieuren in Weissach, noch immer von ihrer Exzellenz überzeugt waren und allenfalls, so ihr fester Glaube, wegen schlechter Marktbedingungen nicht die Erfolge erreichten, die ihrer Leistung und ihrem Produkt eigentlich zustanden. Ins Ausland waren die Produktionsmanager nur selten gereist und wenn, dann nur, um vielleicht die neusten Maschinen oder Showrooms zu besichtigen, mit Sicherheit aber nicht, um die Managementmethoden der Japaner zu studieren.

Wir hatten aber keine Zeit mehr zu verlieren. Deshalb organisierte ich sofort nach meinem Arbeitsbeginn in Zuffenhausen eine erste Reise mit einem Team von Meistern und Ingenieuren nach Japan. Wir besuchten nicht nur Toyota, sondern sahen uns auch intensiv in den Fabriken von Nissan und Honda um. Bereitwillig wurde uns alles gezeigt und erklärt. Jeden Tag inspizierten wir eine andere Fabrik, abends trugen wir im Hotel unsere Informationen zusammen und werteten sie aus.

Dabei reiften zwei Erkenntnisse. Erstens wurde uns immer klarer, dass wir meilenweit hinter den japanischen Standards zurücklagen. Wir entwickelten im Lauf der Zeit ein Gespür dafür, was die Ursachen dafür waren. Genauso bewusst wurde uns aber auch, dass uns alle Möglichkeiten fehlten, die Produktivitätsprobleme von Porsche direkt anzugehen. Es war ja nichts in Ordnung, kein einziger Bereich. Die Firma war in einem desolaten Zustand. Wo sollten wir anfangen, welche Prioritäten setzen, da wir doch überall hinterherhinkten?

Zweitens aber erlebten wir geradezu einen Schock, weil uns die japanischen Unternehmen bereitwillig alles zeigten und erklärten. Offensichtlich betrachtete uns niemand in der japanischen Autoindustrie als ernsthafte Konkurrenz, deshalb waren sie alle sehr offen. Das war eine richtige Kränkung für uns. Kein Wunder, dass unser Team nach der Rückkehr beinahe entmutigt war.

Doch der Druck wurde immer größer, als uns 1992 auch noch die weltweite Rezession einholte und der Verkauf der Autos immer weiter einbrach. Wir hatten buchstäblich keine Zeit mehr zu verlieren. Die Verluste summierten sich auf mehr als 100 Millionen Euro und von neuen Modellen war keine Rettung zu erwarten. Die einzige Chance, das Unternehmen vor dem Untergang zu bewahren und seine Eigenständigkeit zu retten, war eine drastische Reduzierung der Kosten. Also fuhr ich bis Mitte 1992 mehrmals nach Japan, jeweils begleitet von Managern, Meistern, Werkern und Gewerkschaftern. Wir mussten das Inseldenken bei Porsche aufbrechen, wir mussten neue Wege finden, auf denen das Unternehmen sicher die Zukunft erreichen konnte.

Das Ergebnis unserer Japanreisen, die akribisch zusammengetragenen und ausgewerteten Informationen, war ein streng geheimes Kompendium von 300 Seiten, das unter den wenigen Eingeweihten schon bald nur noch »die Bibel« hieß. Dort wurden Kosten und Fertigungszeiten mit denen bei Toyota, Honda und Nissan verglichen, Abläufe und Prozesse detailliert nachgezeichnet, Notizen zu allen wichtigen Produktionsdaten festgehalten. Die Unternehmensberatung McKinsey hatte daraus eine systematisch aufbereitete Diagnose erstellt und unter dem Titel »Der Wettlauf um den Wettbewerbsvorsprung« vorgelegt.

Die Befunde waren dramatisch: Für die Montage eines Sportwagens brauchten die Japaner einen Bruchteil der Zeit von Porsche. Der Kostennachteil gegenüber einem Hersteller wie Mazda war immens, wobei der größte Teil nur eine Ursache hatte: Die Autos bei dem japanischen Hersteller rollten durchweg fehlerfrei vom Band, bei Porsche mussten die meisten der nagelneuen Wagen nachgebessert werden.

Als mir dann 1992 der Chefposten angeboten wurde, habe ich zunächst gezögert. Das war ein Schleudersitz, die Halbwertszeit der Vorsitzenden vor mir war verdammt kurz gewesen. Ich stellte mir also die Frage: Riskierst du das? Denn wenn man mit 40 in dieser Rolle einen Fehler macht, kann das dramatische Auswirkungen auf die weitere Karriere haben.

Andererseits war klar: Wenn es klappt, ist das die Löwennummer. Ich sah auch die großen Chancen der Marke. Die Frage war nur: Werden wir die Durststrecke überstehen, bewahren die Aktionäre die Ruhe? Müssen wir Banken um Geld bitten? Das wäre mir ein Gräuel gewesen, denn ich bin kein Bankenfreund. Für mich sind das Regenschirmverteiler, und sobald es anfängt zu regnen, verlangen sie den verliehenen Regenschirm zurück.

Ich musste also hart durchgreifen und die Abläufe durchforsten. Wir mussten mutige Schritte unternehmen und uns ehrgeizige Ziele setzen. Eine der wichtigsten Voraussetzungen für die erfolgreiche Führung eines Unternehmens ist Glaubwürdigkeit, das habe ich in den vorherigen Kapiteln immer wieder betont. Dazu gehört unbedingt, auch in schwierigen Zeiten ungeschminkt die Wahrheit zu sagen. Ich habe mich damals vor die Belegschaft gestellt und verkündet, dass 6000 Arbeitsplätze gerettet werden können, dafür aber 2000 wegfallen müssen. Das war nicht einfach, denn ich habe den Menschen in die Augen gesehen, die um ihren Arbeitsplatz und um ihre Existenz bangten.

Es war für beide Seiten eine schwierige Situation, denn ich wusste auch, das Management war schuld an der Situation. Aber es war für mich einfach die Wahrheit, und die Mitarbeiter haben gemerkt, Kosten senken ist nicht das Hobby des neuen Chefs, sondern es geht um das Überleben des Konzerns. Ich habe nicht gesagt, wir wollen ein paar tausend Leute entlassen, sondern: Wir wollen die meisten Arbeitsplätze retten.

Aber wenn man richtig aufräumen will, dann muss man es als neuer Chef gleich zu Anfang machen, sonst hat man keine Glaubwürdigkeit mehr.

Zur Glaubwürdigkeit gehört allerdings auch, dass nicht nur die Werker unter einer schlechten Geschäftsentwicklung leiden müssen. Auch die Vorstände und Führungskräfte kamen auf den Prüfstand, schließlich kehrt man die Treppe von oben nach unten. Auf den Top-Ebenen hatten hochintelligente Leute 20 Jahre lang am richtigen Thema vorbeigearbeitet. Wer hatte denn den Mitarbeitern am Band gesagt, wie sie arbeiten sollen? Das waren doch wir, das Management. Wir haben ihnen vorgeschrieben, ineffizient zu arbeiten.

Also war der konsequente Schritt, aus sechs Managementebenen nur noch vier zu machen und diese völlig neu zu strukturieren. Die Zahl der Manager wurde um 38 Prozent reduziert, die Aufgaben neu und anders verteilt. Damit hatte ich allen Führungspersonen ihr Heimspiel genommen, sie mussten sich neu orientieren und konnten sich nicht bequem und routiniert auf ihren Stühlen zurücklehnen.

Doch der Abbau der Arbeitsplätze auf allen Ebenen war nicht mehr und nicht weniger als eine Sofortmaßnahme, die das Unternehmen vor dem Untergang bewahrte. Unsere Studienreisen nach Japan hatten uns so deutlich wie nur möglich vor Augen geführt, dass wir das Unternehmen komplett neu organisieren mussten, wenn wir dauerhaft wettbewerbs- und vor allem überlebensfähig sein wollten. Es kam darauf an, zunächst einen großen Produktivitätssprung zu machen und dann regelmäßig die Produktivität zu steigern. Es musste also das gesamte Unternehmen neu organisiert werden – nach japanischem Vorbild.

Der nächste Schritt waren Verhandlungen mit dem Betriebsrat über die Organisation der Produktion in Teams. Die bisherigen Produktionsabteilungen mit 25 bis 50 Mitarbeitern, die an Meister in mehreren Ebenen berichteten, wurden in mehrere Teams mit acht bis zehn Mitarbeitern überführt, an deren Spitze ein zuständiger Meister stand. Damit einher ging eine Qualitätsoffensive, um der Belegschaft die Kosten der bisherigen Praxis vor Augen zu führen. Darüber hatte sich vorher nie jemand Gedanken gemacht, denn die Folgen der Fehler waren für den einzelnen Werker und Meister am Band nicht zu erkennen. Ein neues Berichtssystem sollte jedem Beschäftigten sofort transparent machen, wo Fehler entstanden und was dagegen getan wurde.

Des Weiteren wurde ein neues Vorschlagswesen geplant, denn bisher hatten die Mitarbeiter im Schnitt nur 0,06 Vorschläge pro Jahr eingereicht, ein wesentliches Potential für Produktivitätsfortschritte lag also brach. Der Grund dafür war eine innovationsfeindliche Bürokratie, denn Vorschläge wurden zunächst an die dafür zuständige Planungsabteilung geleitet, aus der sie – wenn überhaupt – sehr spät wieder auftauchten. Fortan sollten die Meister eine Idee sofort prüfen und für die schnelle Umsetzung verantwortlich sein.

Als letztes Element der Neuorientierung kam schließlich noch der so genannte Porsche-Verbesserungs-Prozess (PVP) hinzu, in dessen Rahmen mit jedem Team und jedem Costcenter messbare monatliche und jährliche Ziele vereinbart wurden. Die Meister hatten die Verantwortung für die Einhaltung, und sie mussten sich verpflichten, die Ergebnisse deutlich sichtbar auszuhängen, damit jeder sehen konnte, ob sein Team Fortschritte machte.

Alles in allem waren diese Pläne eine von oben verordnete Kulturrevolution im Unternehmen. Wenn sie ihre volle Wirkung entfalten würden, dann wären sie die Garantie für kontinuierliche Produktivitätssteigerungen im Betrieb und damit die Grundlage für eine sichere Existenz. Dafür kam es entscheidend darauf an, dass nicht nur die Werker, sondern auch die Manager mitzogen. Natürlich sorgte die überaus heikle wirtschaftliche Situation des Unternehmens für einen gewissen Anpassungsdruck. Angesichts der rasanten Talfahrt und der immer höheren Verluste hatte das Argument »das haben wir immer so gemacht« in Zuffenhausen erkennbar ausgedient. Dennoch regte sich unter den nach wie vor selbstbewussten Porsche-Mitarbeitern der Widerstand.

Eins war auch klar: Bis zu dieser Erkenntnis waren andere Unternehmen in Deutschland auch schon gekommen. Eine ähnliche Analyse hatten sie ebenfalls angestellt, vielleicht nicht so akribisch und konsequent wie wir, aber sicher mit annähernd gleichen Ergebnissen. Werner Niefer, der legendäre Vorstandsvorsitzende von Mercedes-Benz, der in den Werkshallen von Untertürkheim bis Bremen so beliebt war wie kein anderer Manager des Nobelkonzerns, hatte die Vorteile der Japaner natürlich auch erkannt, dann aber resigniert festgestellt: »Ich weiß auch nicht, warum die so viel besser sind als wir, die haben auf der linken Seite doch auch nur einen Arm. Wahrscheinlich liegt es am Buddhismus.«

Natürlich lag es nicht daran, sondern an etwas ganz anderem. Die Analyse ist nicht das Problem, sondern die Umsetzung. Ich wusste inzwischen ziemlich genau, was ich wollte und was geschehen musste. Wir brauchten einen kompletten Kulturschock, das war der einzige Weg, um eine Traditionsfirma wie Porsche neu auszurichten. Man musste die Leute von ihren gelernten Übungen wegkriegen, eine echte Revolution im Kopf anzetteln. Man musste die Bedenkenträger, die in den guten Zeiten allzu leicht die Oberhand behielten, aus dem Verkehr ziehen.

Doch wie macht man das? Ich habe damals gelernt, dass man Dinge nicht auf die lange Bank schieben darf, sondern sofort machen muss, wenn man von ihnen überzeugt ist. Einfach machen, fordern, konsequent sein. Dinge, die man sich nie vorstellen konnte, gingen plötzlich über Nacht. Wir mussten so viel lernen und hatten so wenig Zeit. Deshalb habe ich täglich und beinahe im Stundentakt Gespräche geführt wie jenes, bei dem 1993 ein *Spiegel*-Reporter anwesend war und das er anschließend in seinem Magazin beschrieben hat.[11]

Es war eine routinemäßige Konferenz mit Hauptabteilungsleitern, die eigentlich keinerlei Brisanz erwarten ließ. Doch dann kam das Thema der Nacharbeit erneut auf den Tisch, das uns immer wieder intensiv beschäftigt hatte. Noch immer war die Quote von Fahrzeugen, die mit mehr oder weniger großen Mängeln vom Band rollten, unerfreulich groß. Ich erklärte dem zuständigen Manager also, dass ich eine Reduzierung der Fehlerquoten um 50 Prozent erwarte. Worauf der mir wortreich erwiderte, das sei ein knüppelhartes Ziel und kaum zu schaffen. Da ich wusste, dass ein anderer Kollege das längst geschafft hatte, blieb mir nur eine Antwort: »Ich erwarte, dass Sie Ihren Job machen. Wenn nicht, haben Sie ein Problem.«

Gelernt habe ich diese Konsequenz aber nicht nur in der eigenen Managementpraxis. Das entscheidende Aha-Erlebnis hatte ich auch auf unseren Japanreisen. In mehreren Veranstaltungen und Seminaren, die wir besuchten, lernte ich die Männer von Shin-Gijutsu kennen, das heißt schlicht »Neue Technologie« und ist der Firmenname einer ganz besonderen Beratertruppe. In Deutschland machte damals gerade der Spanier Jose Ignacio Lopez Schlagzeilen, den der VW-Konzern als Einkaufschef von Opel abgeworben hatte. Lopez war berühmt-berüchtigt wegen seiner überaus harten Methoden bei der Reduzierung der Kosten. Über Lopez lächelten die Japaner nur freundlich, in der ihnen eigenen Art. Sie lebten in einer vollkommen anderen Welt.

Gründer und Präsident von Shin-Gijutsu war Yoshiki Iwata, der zuvor drei Jahrzehnte lang als Produktionsleiter im Toyota-Konzern gearbeitet hatte. Er war einer der wichtigsten und kompetentesten Protagonisten von Kaizen, dem legendären kontinuierlichen Verbesserungsprozess, von dem Manager auf der ganzen Welt schwärmten wie von einer Geheimwissenschaft. Iwata und vier seiner Kollegen waren während ihrer Arbeit bei Toyota im engsten Stab des legendären Toyota-Ingenieurs Taiichi Ohno gewesen, dem Erfinder von Kaizen, der schon in den 60er Jahren damit begonnen hatte, die »schlanke Fabrik« zu realisieren. Keinem Geringeren verdankten Toyota und die japanische Automobilindustrie ihren Siegeszug in Europa und den USA.

Dass sie ihr Handwerk verstehen, daran lassen die Japaner auch nicht den geringsten Zweifel. »Selbst in Japan gibt es höchstens fünf Manager, die Kaizen richtig verstanden haben«, sagte Iwata.[12] Kurz nachdem ihr großer Meister 1985 gestorben war, verabschiedete Iwata sich mit mehreren Kollegen von Toyota in die Selbstständigkeit. Sie gaben dabei ein Versprechen ab: Shin-Gijutsu wird niemals einen ausländischen Autokonzern beraten. Doch mir war in Japan klar geworden, dass ich den Rat dieser Leute brauchte, wenn ich die Produktionsmethoden bei Porsche wirklich nachhaltig und radikal verändern wollte. Denn ich hatte zwar eine genaue Vorstellung davon, wie ein schlankes Unternehmen aussehen müsste, doch ich hatte niemals zuvor ein solches System eingeführt. Und außerdem war die Lage von Porsche mittlerweile so dramatisch, dass wir uns keinen Fehler erlauben konnten. Jede Entscheidung musste sitzen.

Deshalb versuchte ich, Iwata für Porsche zu gewinnen. Mehrfach kam er zu persönlichen Gesprächen mit mir nach Stuttgart, um sich davon zu überzeugen, dass ich es auch ernst meinte mit einer durchgreifenden Veränderung. Und tatsächlich: Auf meine Bitte hin brachen die Männer von Shin-Gijutsu ihren Schwur. Ich hatte ihnen offenbar vermitteln können, dass es mir sehr ernst war mit meinem Willen zu Veränderungen. Aber ihre Entscheidung hatte wohl auch etwas mit der Tatsache zu tun, die uns bei unseren Exkursionen immer wieder schockiert und gekränkt hat: Sie nahmen uns gar nicht als Konkurrenz für Toyota und Co. wahr.

Um sie zu gewinnen, musste ich also nur über meinen eigenen Schatten springen und den Ärger über die Geringschätzung überwinden. Dieses gelang mir umso leichter, als mir klar war, dass der nötige Kulturschock in Zuffenhausen nur mit ihrer Hilfe schnell genug gelingen konnte. Sie waren die Hohepriester der ungeschminkten Wahrheit, und das entsprach nicht nur meinem Naturell, sondern auch meiner Überzeugung, dass nur diese Medizin die nachhaltige Gesundung des Unternehmens bewirken konnte.

Meine Hoffnungen wurden dann auch so schnell und so radikal erfüllt, wie ich es mir angesichts der

knappen Zeit, die wir hatten, nur erträumen konnte.
Die Japaner waren unangenehm bis zum Abwinken,
sie hatten vor nichts Angst. Bei seinem ersten Besuch
in Stuttgart Anfang 1992 präsentierte Iwata mir und
meinen Kollegen die reine ungeschminkte Wahrheit.
Auf die freundliche und verbindliche japanische Art
erklärte er mir, dass ich Chef eines »schrecklichen
Werks« sei. »Alle reden davon, was sie schon erreicht
haben«, kritisierte der Japaner, »aber ich glaube nur,
was ich sehe.« Und das war nach seiner Ansicht katas-
trophal, denn »das meiste ist bei Porsche noch so wie
bei uns vor 30 Jahren«.

Die Ursache dafür verschwieg er natürlich auch
nicht: »Wenn die Amerikaner Betonköpfe sind, dann
sind die Deutschen Stahlköpfe«, und die Schwaben
seien wahre Meister darin, »immer wieder zu begrün-
den, warum alles beim Alten bleiben muss.« Das war
natürlich nicht gerade eine Schmeichelei, konnte mich
aber nicht mehr kränken, weil es längst meiner eigenen Analyse der Lage entsprach. Das genau wollte ich
hören, denn es war die Voraussetzung dafür, dass sich
wirklich etwas fundamental änderte.

Genau in diesem Stil ging es dann weiter. Der erste
Auftritt von Iwatas Kollege Chihiro Nakao in Zuffenhausen war eine theatralische Glanzleistung. Er kam im
Frühjahr 1992 und bestand darauf, dass ich ihn bei
einem Rundgang durch das Werk begleitete. Kaum waren wir in der Montagehalle angekommen, blieb er stehen und fragte so laut, dass auch die umstehenden Werker und Meister jedes Wort verstehen konnten: »Wo ist
denn Ihre Fabrik? Das hier kann doch nur das Lager
sein!«[13] Aber es war die Montage für die Motoren, wie
der Japaner sich berichten ließ, was er wiederum lautstark kommentierte: »Wenn das eine Fabrik sein soll,

dann kann das Unternehmen offensichtlich kein Geld verdienen.« Und als ihm dann ein Mitarbeiter berichtete, da habe er Recht, Porsche verliere fast täglich viel Geld, stand sein Entschluss fest: »Da muss etwas verändert werden, und zwar sofort – heute noch!«

Aber erst einmal wurden die Bedingungen der Zusammenarbeit geklärt: »Seid ihr stolz darauf, bei Porsche zu arbeiten? Wollt ihr, dass Porsche lebt? Dann macht jetzt, was wir euch sagen!«[14]

Das Ziel der ersten einwöchigen Kaizen-Maßnahme in der Motorenmontage, die mit unserem Rundgang gestartet wurde, war ganz einfach: Die riesigen Lagerbestände mussten abgebaut und die Suche nach Teilen beendet werden. Denn diese unproduktiven Tätigkeiten nahmen einen beträchtlichen Teil der täglichen Arbeit eines Werkers in Anspruch. Am Ende sollte es so laufen, dass die Teile von der Annahme bis zur Endmontage kontinuierlich fließen konnten, ohne Verzögerung, ohne Ausschuss und ohne Rückflüsse – just in time sozusagen.

Deshalb forderten die Japaner, die Höhe der Regale um die Hälfte auf 1,30 Meter zu reduzieren, damit nur noch Teile für sieben Tage statt wie bisher für 28 Tage gelagert werden konnten. Ganz nebenbei wollten sie aber auch, dass jeder jeden in der Montage sehen konnte, so dass Schwierigkeiten bei der rechtzeitigen Belieferung sofort offenbar wurden. Damit wurde schon der nächste Schritt vorbereitet, nämlich die Lagerbestände ganz abzuschaffen und den Ablauf weiter zu beschleunigen. Damit den Leuten auch klar wurde, dass es nicht darum ging, lange Pläne zu diskutieren, die dann eines mehr oder weniger fernen Tages auch realisiert würden, musste ich gleich für eine Demonstration zur Verfügung stehen.

Ich hatte mir für unseren Rundgang einen blauen Overall angezogen, so wie ihn die Arbeiter an den Bändern tragen. Das allein war schon ungewöhnlich, denn so hatten die Beschäftigten noch nie einen Chef zu Gesicht bekommen. Jetzt aber geschah etwas völlig Außergewöhnliches. Nakao drückte mir eine Säge in die Hand und beauftragte mich damit, den Gang hinunterzugehen und alle Regale auf die Höhe von 1,30 Meter abzusägen. Das war das entscheidende Signal: Hier war nicht nur ein Topmanager, der sich um die Fabrik kümmert, hier wurden Entscheidungen auch noch direkt und schnell umgesetzt.

In diesem Stil ging es dann weiter zur Sache. »In einer halben Stunde ist das Regal hier weg, heute Abend stellt ihr die Maschinen in U-Form auf, morgen besorgt ihr euch einen Einkaufswagen vom Supermarkt.«[15] In der Regel wurden morgens Dinge vereinbart und nachmittags mussten die Meister im täglich stattfindenden Workshop Bericht erstatten.

Das lief nicht selten ungefähr so ab: Am Vormittag war ein schlecht verklebter Teppich erst am Ende des Montagebands entdeckt worden und nicht sofort, wie es der Null-Fehler-Philosophie der Japaner entspricht. Dies berichtete ein Meister im Workshop und der Japaner fuhr ihn geradezu an: »Sie müssen den Täter sofort überführen und zur Rede stellen!« Doch der Meister beschwichtigte, das Problem sei ja nun erkannt und irgendwann werde man es schon in den Griff bekommen.

Das aber brachte seinen japanischen Lehrmeister noch mehr in Rage. »Berichten Sie nur, was Sie heute getan haben und nicht, was Sie irgendwann tun wollen.« Und weil er gerade beim Thema war, wurde nun gleich, hier und jetzt, eine grundsätzlich bessere Lösung gesucht. Ob es nicht überhaupt eine weniger fehleranfällige und schnellere Methode gebe, den Teppich einzukleben? »Man müsste die Matte von der anderen Seite einlegen, dann geht es einfacher und schneller«, sagte der Meister.[16] »Dann machen Sie es«, war die knappe Antwort. »Dafür brauche ich aber einen anderen Kleber«, kam es zurück. Darauf folgte wieder eine äußerst knappe Replik: »Besorgen Sie ihn.«

Der Lieferant brauche erfahrungsgemäß zwei Wochen für die Lieferung, erklärte der Meister. Doch seine Hoffnung, damit sei das Thema zunächst vom Tisch, war völlig verfehlt. »Dann haben Sie das Problem noch 14 Tage, rufen Sie ihn sofort an«, forderte der Japaner ungerührt. Und als ihm danach gesagt wurde, die Lieferung könne schon in fünf Tagen da sein, antwortete er ohne zu überlegen: »Sagen Sie ihm, wir brauchen das Zeug sofort, wir kennen auch andere Lieferanten.« Nach einem neuerlichen Telefonat konnte der Meister den Erfolg seiner Bemühungen melden, der Kleber werde schon am nächsten Tag geliefert. Aber die Antwort war unerbittlich: »Nein, heute. Fahren Sie sofort hin und holen Sie den Kleber selbst ab.«

War es schon eine arge Zumutung gewesen, den trotz der Krise noch immer sehr selbstbewussten Werkern bei Porsche in Stuttgart ein paar Japaner vor die Nase zu setzen, die sich nur per Dolmetscher verständigen konnten und nun sagten, wo es langgehen sollte, dann provozierten solche Methoden natürlich den schärfsten Widerstand. Das war nicht die gewohnte Praxis, nach der alle Neuerungen sorgfältig über Wochen und Monate geplant und diskutiert wurden. Jede Veränderung einer Arbeit, jede Umstellung an einer Maschine musste danach mit dem Betriebsrat abgestimmt und von ihm genehmigt werden. Das Kaizen-Motto »just do it« kollidierte aufs Heftigste mit dem Betriebsverfassungsgesetz.

An meiner eigenen Position hatte ich nie einen Zweifel gelassen. Wer sich beklagen wollte, der konnte sich jederzeit bei mir melden. Klar war aber auch: Bedenkenträger werden nach Hause geschickt. Es war denn auch niemand bei mir, um sich zu beschweren. Aber ich bekam eines Tages einen Anruf von einem Aufsichtsrat, der mich bat, die japanischen Berater abzuziehen, weil ihre Methoden »zu hart« seien. Doch meine Antwort war klar: Wir müssen da jetzt durch.

Der Betriebsrat war tatsächlich erst nach schwierigen Verhandlungen bereit, eine Betriebsvereinbarung zu unterschreiben, die den Japanern die nötige Autorität gab. Doch er hatte keine andere Wahl. Die Schreckensvision der selbstbewussten Belegschaft, an Mercedes, VW oder Toyota verkauft zu werden, war ja realistischer denn je. Doch die Vertreter der Arbeitnehmer und einige Führungskräfte bestanden zunächst darauf, dass sie parallel eigene, interne Verbesserungsteams bilden könnten, die den Nachweis erbringen sollten, dass langjährige Mitarbeiter sehr viel besser als japanische Berater wüssten, wo und wie die nötigen Verbesserungen anzupacken seien.

In der Motorenmontage waren jedenfalls schon nach einer Woche deutliche Ergebnisse zu sehen: Die Lagerbestände waren wesentlich kleiner, weil es einfach keinen Platz mehr gab. Innerhalb von anderthalb Jahren war das System dann vollständig schlank nach den Prinzipien des Kaizen. Die Lagerfläche war von 40 Prozent des Montagebereichs auf null gesunken und die Teile blieben nur rund 20 Minuten in der Montagezone, bis der fertige Motor zur Endmontage geschickt wurde.

Insgesamt arbeiteten in dieser Zeit sechs Teams an Verbesserungsmaßnahmen in der Lackiererei, beim Fertigen der Karosserien, im Motorenbau, in der Fahrzeugmontage und in der Endmontage. Die japanischen Berater kamen jeden Monat für eine Woche, sie begann am Montagmorgen mit einer Analysesitzung, und am Nachmittag wurden die Teams mit Instruktionen losgeschickt. Freitags wurde dann Bilanz gezogen und der Plan für die restlichen Wochen des Monats festgelegt.

Aber die Umsetzung ging immer nach dem gleichen Rezept voran: Die Teams machten Vorschläge und die Arbeiter am Band konnten sich dann gemeinsam mit den Meistern überlegen, wie diese am besten umgesetzt werden konnten. Dabei ging es manchmal um kleine Dinge. Wenn ein Werker am Band etwa an einem Motor schraubte, durfte er sich die Schrauben nicht mehr aus einer großen Kiste mit einer großen Anzahl herausnehmen, sondern er bekam die genaue Menge zugeteilt. Die waren nicht nur schneller zu greifen, sondern es war am Ende auch klar: Wenn auch nur eine übrig blieb, hatte er einen Fehler gemacht. Um solche Dinge möglichst handlich zu organisieren, haben sich die Beschäftigten zu Anfang auch Einkaufswagen aus dem Baumarkt geholt. Später wurden die Arbeitsabläufe dann natürlich perfektioniert.

Aber – und das darf man nicht vergessen – freitags war auch die Zeit, die Erfolge der Woche zu feiern. Immer wieder, wenn wir bestimmte Etappen erreicht hatten, organisierten wir ein großes Fest für die Mitarbeiter und ihre Familienangehörigen. Denn das ist die Kehrseite der harten Arbeit: Man muss die Erfolge, die daraus resultieren, auch richtig genießen können. Erst dann werden sie einem bewusst.

Doch ohne die Japaner hätten wir den Entwicklungsprozess nicht so schnell und so konsequent geschafft. Sie hatten ähnliche Maßnahmen 30 Jahre lang Tag für Tag umgesetzt. Man muss schlankes Denken in wirklichen Situationen lernen, um es zu begreifen. Yoshiki Iwata und seine Männer haben unsere Sehkraft erst entwickelt, so dass wir viel mehr lernen konnten als in einem normalen Arbeitsalltag. Der Prozess war wirklich erstaunlich.

Konkret hieß die Veränderung damals: Die Hierarchiestufen und die Zahl der Führungskräfte wurden reduziert, durch Modulbauweise wurden Zulieferer zu Systemlieferanten, komplette Arbeitsvorgänge konnten ausgelagert werden. Zielorientierte Kommunikation steht nun obenan, die Unternehmensabläufe werden konsequent nach den Bedürfnissen der Kunden gesteuert, Mitarbeitern wird die Möglichkeit gegeben, ihr kreatives Potential einzusetzen und Abläufe weiterzuentwickeln. Schon im Anfangsstadium einer Entwicklung sitzen die Porsche-Techniker und die externen Lieferanten zum Wissensaustausch an einem Tisch.

Im Lauf von zwei Jahren lernten unsere internen PVP-Teams, die allmählich die Planung übernahmen und an die Stelle der Berater traten, die Arbeit eigenständig zu machen. Eine Regel unseres Porsche-Verbesserungs-Prozesses ist seitdem, dass jedes Team einmal im Vierteljahr ein einwöchiges Verbesserungsprojekt durchführt, zusätzlich zu all den Veränderungen, die sich aus der täglichen Arbeit direkt ergeben.

Das Wichtigste aber ist die völlig andere Einstellung der Mitarbeiter in der Fertigung. Sie arbeiten nicht mehr in einem strengen, von oben oktroyierten Korsett, sondern überlegen selbst, wie sie den Arbeitsprozess am besten organisieren. Niemand muss mehr Druck zu

Veränderungen ausüben, und niemand will mehr die alten Methoden zurück. Die Zahl der Verbesserungsvorschläge ist dramatisch in die Höhe gegangen. In einem schlanken Unternehmen sind die Beschäftigten kein Rädchen in einem seelenlosen Getriebe mehr, sondern Experten in ihrem Arbeitsbereich, die Schwierigkeiten erkennen und selbstständig beseitigen.

Auch die Beseitigung von Fehlern wird nicht mehr auf die lange Bank geschoben. Sobald einer passiert, wird sofort eine rote Schnur gezogen und das Band gestoppt. Dann kümmern sich alle darum und beheben das Problem. Natürlich wird der meldende Kollege gelobt, denn es ist wichtig, dass Fehler sofort erkannt und behoben werden. Am Band kostet es vielleicht 10 Euro, am Ende der Fertigung würde es schon 100 Euro kosten und später beim Kunden wahrscheinlich 1000.

Um eine Null-Fehler-Produktion zu erreichen, muss man dem alten Grundsatz »aus Fehlern wird man klug« huldigen. Schnitzer sind sogar die einzige Möglichkeit, zu lernen und sich weiterzuentwickeln. Nur wer etwas falsch macht und alles tut, um es künftig zu vermeiden, der wird sich verbessern, das ist das Credo einer modernen Produktion. Fehler machen ist also ausdrücklich erlaubt, hart sanktioniert wird dagegen, wenn der gleiche Fehler ein zweites Mal vorkommt. Erfolg und Zufriedenheit machen Menschen dagegen unaufmerksam.

Porsche hat heute in Deutschland das Toyota-Produktionssystem, die schlanke Fertigung, am konsequentesten umgesetzt. Wir haben sogar eigene Ergänzungen und Verbesserungen erarbeitet, so dass wir heute auch vom Porsche-Produktionssystem sprechen. Wir steigern unsere Produktivität jedes Jahr um sechs bis acht Prozent und bleiben damit wettbewerbsfähig. Nicht nur, um die Mitarbeiter zu motivieren, sondern auch, um mich selbst ständig auf dem Laufenden zu halten, ist es für mich etwas ganz Normales, wenn der Chef mit den Werkern in der Cafeteria sitzt oder am Band steht und mit ihnen diskutiert. Ich mache das häufig, um ein Gespür dafür zu bekommen, was im Unternehmen passiert, was die Leute denken und was ihnen gegen den Strich geht.

Mit psychologischem Verständnis lassen sich die Mitarbeiter auf der Basis einer klaren Vision auch motivieren und zu guten Leistungen anspornen. Voraussetzung dafür ist allerdings, dass Topmanager einen klaren Führungsanspruch geltend machen und die neue Kultur auch vorleben. Die Mitarbeiter haben ein feines Gespür dafür, ob jemand nur ökonomische Traumtänzerei vorführt oder zum Beispiel um des Überlebens der Firma willen das Trägheitsmoment überwinden will.

Am Führungsanspruch und an den klaren Visionen für die Zukunft mangelt es aber in vielen Unternehmen, die gerade mal von Quartal zu Quartal denken. Japanische Unternehmen sind da viel konkreter, weiß der Berater Minoru Tominaga.[17] »Aus der Erfahrung weiß ich, dass die Visionen deutscher Unternehmen deshalb so unpräzise sind, weil man einfach keine Vorstellung von dem hat, was man will«, sagt der in Deutschland arbeitende Experte.

Der Prozess hin zur schlanken Produktion, der konstant gute Ergebnisse ermöglicht, war der erste, erfolgreiche Schritt in eine bessere Zukunft, dem allerdings weitere folgen mussten – und konnten. Denn dieses Produktionssystem verschaffte dem Unternehmen einerseits eine solide Basis und stabilisierte es in der kritischen Phase. Es eröffnete andererseits aber langfristig die Möglichkeit, nicht mehr jedes Modell aus exklusiven, zum Teil handwerklich gefertigten Einzelteilen zu montieren, sondern zu einer Strategie der Gleichteile überzugehen. Damit wurde nicht nur die Produktion wiederum erheblich vereinfacht, sondern auch die Konzeption und Entwicklung von neuen Modellen erheblich schlanker und damit auch schneller gemacht. Kurz: Die grundlegende Umstellung in der Produktion mit japanischer Hilfe ermöglichte völlig neue Perspektiven in der Modellstrategie.

Das war der logische zweite Schritt, der nun folgen musste, und er veränderte unsere Optionen im Markt radikal. Vorher hatte der Vorstand eine klare Strategie des Rückzugs eingeschlagen. Das Einsteigermodell 968 brachte dem Unternehmen nur noch erhebliche Verluste ein. Mit dem alten Produktionssystem war es einfach nicht zu Preisen herstellbar gewesen, die insbesondere gegenüber der in den Markt für Sportwagen drängenden japanischen Konkurrenz wettbewerbsfähig gewesen wären. Also hatte die damalige Unternehmensführung angesichts der rasanten Talfahrt der Firma entschieden, dieses Modell ersatzlos zu streichen und sich auf hochpreisige Autos zu konzentrieren, leistungsfähiger und teurer noch als das bisherige Topmodell 928. Es war die Kapitulation vor der Entwicklung des Markts, der freiwillige Rückzug in die kleinste noch vorhandene Nische und damit die Reduktion des Unternehmens auf einen gefährlich kleinen Kern, der praktisch jede Wachstumsmöglichkeit ausschloss.

Mit den Produktivitätsfortschritten aber eröffneten sich uns wieder völlig neue Möglichkeiten. Wir konnten Autos zu wettbewerbsfähigen Bedingungen herstellen, die nicht nur im oberen Preissegment der Luxusklasse angesiedelt waren. Und deshalb konnten wir auch eine Entscheidung treffen, die unsere Produktpalette öffnete, statt sie auf den kleinsten möglichen gemeinsamen Nenner einzuengen. Wir fassten den Entschluss, den Boxster als Modell der mittleren Preisklasse bis zum Herbst 1996 auf den Markt zu bringen und ein Jahr später einen Nachfolger für den traditionsreichen 911. Er war in Jahrzehnten zum Inbegriff für das herangereift, was unsere Marke ausmacht: Sportlichkeit, Leistung und zeitloses Design. Bedingung war: Beide Fahrzeuge mussten rund 40 Prozent identische Teile haben, einschließlich des Motorblocks. So war gesichert, dass beide auch bei geringeren Stückzahlen mit Gewinn produziert werden konnten.

Der Boxster war dann erheblich erfolgreicher, als wir in unseren kühnsten Annahmen je erwartet hatten. Schon nach der ersten öffentlichen Präsentation auf der Autoshow in Detroit 1993 waren die Reaktionen der Presse euphorisch gewesen. Der Boxster stehe für Porsches Rückkehr zu seinen technischen Wurzeln, das Auto sei echt, unverfälscht, nicht zu groß und ohne weiche Luxusattribute.[18] Wir hatten es geschafft, die zentralen Bestandteile unserer Marke – Hochwertigkeit bei Qualität, Leistung und Material – auf das neue Fahrzeug zu übertragen, und die Kritiker zollten dem Lob.

Mit dem Boxster gelang uns aber auch ein Spagat, an dem das Unternehmen zuvor immer gescheitert war: Weil wir das Fahrzeug bewusst als preiswerteres Angebot für einen größeren Kundenkreis annoncierten, öffnete sich damit auch die Möglichkeit, größere Stückzahlen zu produzieren, ohne die Marke zu beschädigen. Damit galten für den Boxster andere

Regeln als für den 911, wir konnten ihn sogar, wie sich dann als Folge der stark steigenden Absatzzahlen herausstellte, zum Teil bei einem ausländischen Partner montieren lassen. Wichtig war nur, dass er die zentralen Anforderungen der Marke erfüllte, dass die Lieferanten die gleichen waren wie in Zuffenhausen und die Qualitätsvorschriften Bestand hatten.

Mittlerweile war der Belegschaft die schlanke Produktion weitgehend in Fleisch und Blut übergegangen, die Leute arbeiteten sehr motiviert. Als dann auch noch im Jahr darauf der neue Porsche 911 von den Kunden begeistert angenommen wurde, war klar, dass unser neues Geschäftsmodell funktionierte. Wir haben bei diesen letzten Etappen auch jedes Mal ordentlich gefeiert und es »krachen lassen«, denn die Mitarbeiter müssen auch spüren, dass man ihre Leistung anerkennt.

Vor allen Dingen aber haben wir gefeiert, weil wir uns endlich wieder langfristigen Strategien widmen konnten, weil die pure Existenznot überwunden war, die so lange an den Nerven gezehrt und schmerzliche Entscheidungen erzwungen hatte. Alle wussten, Porsche hat wieder eine Zukunft, und um die können wir uns endlich intensiv kümmern.

Zuerst einmal mussten wir entscheiden, wie wir künftig produzieren wollten. Denn mit dem großen Erfolg des Boxster waren die Kapazitäten in Zuffenhausen schnell vollständig ausgelastet gewesen, obwohl die schlanke Produktion für viel zusätzlichen Platz in den Hallen gesorgt hatte. Wir entschieden uns damals für die Zusammenarbeit mit dem Partner Valmet in Finnland, der seitdem einen ansehnlichen Teil der Boxster-Produktion übernimmt. Die Vorteile für uns sind eindeutig: Wir mussten nicht selbst zusätzliche Anlagen aufbauen und einen hohen Anteil an Fixkosten übernehmen, sondern konnten und können sehr flexibel auf den Markt reagieren und damit unsere Kosten im Griff behalten.

Diesem Ansatz sind wir auch gefolgt, als es darum ging, das Modellangebot auszuweiten und damit zusätzliche Wachstumschancen wahrzunehmen. Wir konzentrieren uns auf die für uns wesentlichen Dinge: Forschung und Entwicklung, Konstruktion, Fertigung wichtiger Komponenten wie Motoren, das Marketing und den Vertrieb.

Doch das Modell funktioniert nur mit guten und verlässlichen Partnern. Unser Know-how und unsere Stärke liegen nicht darin, auch noch die letzte Schraube von einem Porsche-Ingenieur entwickeln zu lassen. Schließlich besteht ein modernes Auto aus mehreren tausend Teilen. Diese enorme Vielfalt möglichst fehlerfrei und kostengünstig zu organisieren, ist die größte Herausforderung bei der Produktion eines Autos. Daran müssen auch die Zulieferer als Systemlieferanten beteiligt sein, die immer stärker schon in die Entwicklung eingebunden sind und dann ganze Module liefern oder sogar selbst am Band einbauen.

Bei unserem sportlichen Offroad-Fahrzeug, dem Cayenne, den wir 2002 sehr erfolgreich auf den Markt gebracht haben, ist das der VW-Konzern. Porsche hat die Plattform für den VW Touareg und den Cayenne entwickelt, VW liefert die Karosserien, die dann in unserem neuen Werk in Leipzig zu einem typischen Porsche montiert werden. Neuerdings baut Audi auf dieser Plattform auch den Q7.

Nach diesem erfolgreichen Fertigungssystem werden wir auch in Zukunft arbeiten. Ganz konkret bei dem für 2009 angekündigten Sport-Coupé Panamera. Wir werden auch bei diesem Fahrzeug die Kapazität von Volkswagen nutzen, um unsere Fixkosten zu reduzieren. Denn das ist das Modell, mit dem wir profitabel wachsen und unsere Eigenständigkeit auch in Zukunft sichern können. Das haben die vergangenen zehn Jahre jedenfalls eindrucksvoll bewiesen.

Um dieses Modell mit einem Partner zu verwirklichen, der schon heute rund ein Drittel unseres Volumens zuliefert, haben wir mehr als drei Milliarden Euro für die Beteiligung an VW ausgegeben. Und es gibt noch vielfältige Möglichkeiten, die Partnerschaft auszubauen und zu intensivieren. Deshalb ist das Geld auch sehr gut investiert, unabhängig von der künftigen Entwicklung der VW-Aktie und möglicher Dividenden, die wir einstreichen können. Wir haben damit das Fundament gestärkt und gefestigt, auf dem Porsche auch künftig profitabel wachsen kann. In Anlehnung an Yoshiki Iwata, der Anfang der 90er Jahre meinte, höchstens fünf Personen in Japan hätten Kaizen wirklich verstanden, könnten wir nach der scharfen Kritik der Finanzinvestoren an unserem VW-Einstieg – zugeben etwas ketzerisch – formulieren: Bei den Analysten sieht es auch nicht anders aus, wenn wir sie nach unserer Erfolgsstrategie fragen.

So radikal, wie wir unsere Fabriken modernisiert haben, so konsequent haben wir unsere Produktpalette den Bedürfnissen des Markts angepasst. Ein eigens entwickeltes Programm garantiert effiziente Produktionspläne, bei denen die Ressourcen voll ausgeschöpft werden. Es entstand eine bisher unbekannte Flexibilität der Produktion, inzwischen ist jeder erdenkliche Modellmix von 911 und Boxster auf unseren Produktionsstraßen möglich. Hinzu kommt der Standort Leipzig, wo modernste Fertigungsstätten, das Prüfgelände und ein faszinierendes Kundenzentrum für den Cayenne gebaut wurden und noch 2006 für den Panamera erweitert werden.

Doch wer einmal den Turnaround geschafft hat, bleibt immer auf dem Sprung. Inzwischen verraten wir das Geheimnis der Schlankheitskur als Weg zum Erfolg auch anderen. Ganz in der Tradition unseres Entwicklungszentrums in Weissach, dessen exzellentes technisches Know-how auch anderen Unternehmen zur Verfügung steht, haben wir die Beratungsgesellschaft Porsche Consulting gegründet, die anderen Firmen bei der optimalen Gestaltung ihrer Produktion und sonstiger Geschäftsprozesse hilft.

Genauso, wie uns damals geholfen wurde. Denn wir gehen zwar unseren eigenen Weg – sind aber trotzdem offen für Einflüsse von außen. Wir wollen sie nur nicht kopieren, sondern adaptieren. Wir haben uns deshalb damals von entfernten Konkurrenten aus Japan die Grundsätze moderner Produktion erklären lassen und sie auf unsere Verhältnisse übertragen. Ganz nach der Maxime, unser Handeln immer wieder kritisch auf den Prüfstand zu stellen. Die heutige Porsche Consulting GmbH war die firmeninterne Keimzelle für die Realisierung der »Lean Production«.

Die Modell- und die Produktionsoffensive gemeinsam schufen die Basis für die Wachstumsoffensive, die Porsche auch in den kommenden Jahren konsequent verfolgen wird. Aus dem eindimensionalen Sportwagenhersteller wurde ein mehrdimensionaler Anbieter von exklusiven Erlebnisprodukten, der seine enormen Marktchancen genutzt hat und vor allem in den nächsten Jahren noch stärker nutzen will. Der außerordentliche Erfolg des Cayenne zeigt den Weg, der Panamera wird diesem Beispiel folgen, davon sind wir fest überzeugt.

Wir werden unseren weltweiten Vertrieb weiter stärken und uns vollkommen neue Märkte erschließen. Und dies alles mit einer Produktion im Hochlohngebiet des Hochlohnlands Deutschland. »Made in Germany« gehört genauso zu unserer Firmenphilosophie wie die technische Exzellenz und die emotionale Faszination unserer Produkte. Wir haben uns für unsere – nach dem Carrera GT dritte – Produktion in Leipzig entschieden, weil Porsche mit einem deutschen Standort nicht nur seinem Premiumanspruch gerecht wird, sondern durch das Bekenntnis zu »Made in Germany« auch die Wertigkeit seiner Fahrzeuge steigert. Der Standort Leipzig ist also aus Kosten- und aus Imagegründen die richtige Entscheidung gewesen.

Für uns gibt es überhaupt keinen Zweifel: Nur so können wir der profitabelste Autohersteller der Welt bleiben, nur so können alle davon profitieren. Die Aktionäre mit hohen Kurssteigerungen und guten Dividenden, die Mitarbeiter mit überdurchschnittlichen Einkommen und jährlichen Sonderzahlungen, und schließlich auch der Staat, denn wir sind gute Steuerzahler an unseren Standorten und wir engagieren uns auch für soziale Aufgaben. Denn zu unseren Grundprinzipien gehören nicht nur die Langfristigkeit unserer Ziele und die Einzigartigkeit unserer Produkte, sondern auch unsere Glaubwürdigkeit als Unternehmen.

Das ist eine wichtige Voraussetzungen für den dritten Schritt, nach Kostenmanagement und Produktentwicklung, den eine erfolgreiche Firma machen muss: Der eigenen Marke den Glanz zu verleihen, der sie für die Kunden unwiderstehlich macht. Dafür muss man sein Profil schärfen.

Der Kopf ist rund

oder:
Warum der Regel-
bruch hilft

Jedes Mal, wenn Porsche in den vergangenen Jahren vom *Manager Magazin* zum Unternehmen mit dem besten Image in Deutschland gekürt wurde, haben wir das zum Anlass genommen, einen kleinen, unterhaltsamen Film zu produzieren.[1] Es waren immer Dokumente unseres Selbstverständnisses. Im Januar 2006 trug die Geschichte den lapidaren Titel »Na denn«; zwei Jahre zuvor hieß das Leitwort einfach »Trotzdem«, nach »Vielleicht« im Jahr 2002 und »Eigentlich« im Jahr 2000. Damals erzählten die Bilder, warum Porsche eigentlich keine Chance gegen die übermächtigen Großkonzerne haben konnte und trotzdem als profitabelster Autobauer überhaupt seine Eigenständigkeit und Unabhängigkeit bewahrte.

Ja, eine kleine, eher unscheinbare Vokabel beschreibt unsere Situation bei Porsche wirklich sehr gut. Kein großspuriges Mode-Substantiv aus dem Wörterbuch der Globalisierung, kein trendiger Slang-Anglizismus aus dem Handbuch des Imageberaters – nur ein vergleichsweise bodenständiges Wort aus der deutschen Sprache. Es ist das Credo unserer Existenz. Denn wer hätte damals in der Krise noch einen größeren Betrag auf unser Überleben gewettet? So schlecht ging es uns, und vor allem: So klein sind wir – immer noch. Wenn man einmal Revue passieren lässt, was alles in unserer

Branche und in der globalen Wirtschaft passiert, dann kann man wirklich sagen: Und trotzdem stehen wir heute da, wo wir sind!

Mag sein, dass da bei manchem Beobachter auch andere Wortassoziationen aufkommen – zum Beispiel Trotzkopf. Doch auch damit können wir leben, soweit es die Suche nach dem eigenen Weg betrifft. Wir machen nicht einfach das, was alle anderen auch machen und was gerade en vogue ist. Nicht aus Trotz oder blindem Widerspruchsgeist – oder auch nur, um irgendwie anders zu sein. Sondern diese Haltung ist Ausdruck unseres starken Willens, eigenständig zu sein. Wir wollen gute Autos bauen, wir wollen unsere Kunden zufrieden stellen, kurz: Wir wollen Erfolg haben. Doch am Ende wollen wir vor allem eins: Wir wollen unabhängig sein.

Unsere Position ist deshalb klar: Wir folgen nicht modischen Trends, sondern wir orientieren uns an den einzigartigen Trends unseres Hauses. Wir gehen unseren eigenen Weg mit langfristigen Zielen und mischen nicht mit im kurzfristigen Karussell der Quartalsberichte und Fusionsgerüchte. Wir pflegen unsere Exklusivität. Bei Porsche geht es vor allem darum, überschaubar und flexibel zu bleiben. Denn erfinderisch macht der Druck, sich immer wieder im Wettbewerb behaupten zu müssen.

Mit der Rolle des Außenseiters zu leben, habe ich persönlich schon in der Schule gelernt. Ich war damals bereits der Exot meiner Klasse. Der Klassenlehrer war links, die Mitschüler auch, und alle hatten lange Haare. Ich aber wollte immer Geld verdienen, habe mir klare Ziele gesteckt und hatte eine klare Linie. Damit war ich zwar der Außenseiter, aber in dieser Rolle fühlte ich mich wohl. Ich habe mich gegen Lehrer gewehrt – so schärft man sein Profil.

Denn der Regelbruch wird wahrgenommen, er erzeugt Aufmerksamkeit. Wenn jemand gegen den Strich bürstet, anders ist als die große Mehrheit, dann reagieren die Menschen darauf, weil sie in ihrer gewohnten Routine gestört werden, in der sie sich doch bislang so wohl gefühlt haben. Mit dem Regelbruch, so habe ich schon sehr früh gelernt, kann man zwei Wirkungen erzielen, die wir uns beide bei Porsche zunutze gemacht haben: Man kann Menschen aus ihrer Lethargie aufwecken, sie zu neuen Leistungen anspornen. Und man kann sich damit als Kleiner, vermeintlich Schwacher zwischen lauter Großen behaupten.

Andererseits ist das, was als Regelbruch wahrgenommen wird, häufig genug einfach nur Geradlinigkeit. Nehmen wir als Beispiel nur unseren bereits beschriebenen Verzicht auf Subventionen in Leipzig. Das entsprach ja einfach nur unserer Meinung, dass die reife und profitable Autoindustrie im Allgemeinen keine staatliche Hilfe brauche und für uns im Besonderen gelte, dass Luxus und Stütze nicht zusammenpassen. Gegen welche Regel haben wir damit verstoßen? Gegen die allgemeine Doppelzüngigkeit und Widersprüchlichkeit. Gegen die Regel, dass man in öffentlichen Sonntagsreden als Manager oder Verbandsfunktionär natürlich heftig gegen staatliche Ausgabenflut und Steuerwut wettert und den Zeigefinger der rechten Hand hebt, während man im betrieblichen Alltag ohne erkennbare Skrupel die linke Hand so weit wie möglich aufhält. So machen es doch alle, das ist die – ungute – Regel.

Aber das muss man sich erst einmal auf der Zunge zergehen lassen: Millionen haben wir einfach ausgeschlagen – und zwar allein aus Gründen der Glaubwürdigkeit. Dafür mussten wir nicht nur die öffentlich geltenden Regeln der Doppeldeutigkeit brechen, sondern auch die internen Verhaltensregeln. Es war erhebliche Überzeugungskraft nötig, um diese Idee innerhalb des Unternehmens durchzusetzen. Niemand wird glauben, da hätten bei uns alle laut »Hurra« geschrien. Nein, diese Entscheidung kam unter großen Bauchschmerzen zustande, das hat einigen Leuten richtig wehgetan. Und diese Leute hatten aus Unternehmenssicht gute Argumente auf ihrer Seite.

Selbstverständlich haben wir unseren Verzicht publik gemacht – nicht ohne den einen oder anderen Seitenhieb auf unsere Konkurrenten, die in vergleichbaren Situationen ohne Hemmungen in die öffentliche Kasse greifen. Aber es geht nicht darum, sich gegenüber der Konkurrenz mit schlauen Sprüchen oder einer PR-Nummer zu profilieren, die von einer launigen Runde in einem Hinterzimmer der Presseabteilung ausgeheckt wird, das ist es nicht. Image entsteht nicht mit einem lauten Trompetenstoß. Dazu braucht man schon einen längeren Atem. Vor allem aber braucht man eins, wie ich immer wieder betonen möchte: Glaubwürdigkeit.

Wie erreicht man Glaubwürdigkeit? Durch den bewussten Verzicht auf einen in Aussicht stehenden Vorteil. Erst dieser Verzicht lässt Worte glaubwürdig erscheinen. Es ist die Konsequenz im Handeln, die von der Öffentlichkeit positiv bewertet wird und die soziale Akzeptanz erst schafft. Kommunikation allein führt nicht zum gewünschten Erfolg, wenn nicht auch eine klare Haltung dahintersteht, die in sämtlichen Bereichen des Unternehmens verankert ist und von der Geschäftsführung mit allen Konsequenzen mitgetragen wird. Genau das hat Porsche mit seiner Entscheidung gezeigt, auf Steuergelder zu verzichten. In einem großen Unternehmen ist so etwas kaum durchsetzbar.

Natürlich kommt es darauf an, dass die Grundhaltung kontinuierlich vorgelebt werden muss, das ist eine wesentliche Verantwortung des Führungspersonals. Es gilt, die grundsätzliche Botschaft genauso im Unternehmen zu kommunizieren wie Zielvereinbarungen über Kostensenkungen oder Produktivitätssteigerungen. Wichtig für den Erfolg eines Images ist auch, dass sämtliche Mitarbeiter auf die Philosophie eingeschworen werden und sich auch eingebunden fühlen.

Deshalb denke ich, wenn unsere Haltung von Außenstehenden als Verstoß gegen die Regeln wahrgenommen wird, geht es doch meistens nur darum, dass wir uns selbst treu bleiben: sagen, was man denkt; tun, was man sagt. Tatsächlich aber ist es die beste Art des Regelbruchs, denn sie rüttelt nicht einfach nur auf, sie verschafft nicht nur Aufmerksamkeit, weil sie das alltägliche Bild stört, sondern sie bewirkt am Ende viel mehr: Sie verschafft Glaubwürdigkeit. Es stimmt schon, der Kopf ist rund, er kann sich in verschiedene Richtungen drehen und anderes als das Übliche wahrnehmen, doch das Ergebnis darf nicht eine richtungslose Wendigkeit sein.

Der Regelbruch als vorsätzlich inszenierter Gag, der nichts weiter will als aufzufallen, der wird am Ende weder Aufmerksamkeit noch Aufbruch erzeugen, sondern nur Desinteresse. Man muss den Mut haben, zu dem zu stehen, was man will, und es dann auch zu tun. Das, so haben wir im Lauf der Zeit gelernt, kann auch noch erheblichen Gewinn bringen. Aber, und das ist die grundlegende Erkenntnis, erst wenn die zugrunde liegende Haltung stimmt, ergibt sich daraus auch ein Gewinn für das Image.

So war es eigentlich von Anfang an. Schon als wir die Japaner zu Hilfe holten, dachte natürlich niemand an die öffentliche Wirkung für unser Image. Wir brauchten die Hilfe der Experten, es ging schlicht um die Rettung vor dem Abgrund. Nur wer das vermeintlich Undenkbare denkt, der wird neue Wege finden und zu neuen Ufern aufbrechen. Das gilt ganz gewiss für meinen Entschluss, die japanischen Kaizen-Fachleute zu holen und den Mitarbeitern von Porsche eine bis dahin unbekannte Herausforderung zuzumuten. Über Kaizen und Lean Production redeten alle, wir aber hatten Japaner!

Es passierte, was passieren musste. Die Entscheidung erzeugte den schärfsten Widerstand, alle Bedenkenträger standen auf der Matte. Damit aber hatte ich genau das erreicht, was ich erreichen wollte: Die Leute wurden aus ihrer Routine aufgescheucht, aus der Lethargie aufgerüttelt und zu neuen Leistungen angespornt. Der Regelbruch bewirkte zunächst, dass sie die neuen Methoden nicht blockierten. Erst damit wurde der Weg frei, sich in eine andere Richtung zu bewegen. Und als die ersten Erfolge sichtbar wurden, war der Durchbruch geschafft.

Das aber war nur der erste Schritt. Wie sollten wir öffentlich mit der Tatsache umgehen, dass ausgerechnet ein traditionsreicher schwäbischer Autobauer sich von der Konkurrenz aus Fernost beraten ließ? Das übliche Verhalten wäre sicher gewesen, es peinlichst zu verschweigen, möglichst nichts an die Öffentlichkeit kommen zu lassen. Das war zunächst auch unsere Absicht.

Doch dann entschlossen wir uns, aus dem üblichen Verhalten auszubrechen und das zu tun, was ich von Anfang an gemacht habe und was meinem Naturell am besten entspricht: Offen und gerade heraus zu sagen, was Sache ist. Und auch die Gründe und Hintergründe zu kommunizieren, warum wir etwas machen. Natürlich war das nicht das Ergebnis einer von langer Hand und überlegt vorbereiteten Strategie, sondern es war aus der Not der Situation geboren. Wir hatten nur eine Wahl: entweder zuzuschauen, wie jeden Tag über unsere schlechten Zahlen berichtet und die Frage gestellt wird, wie lange wir noch unabhängig existieren können, wie jeden Tag die Angst der Mitarbeiter um ihren Job wächst. Oder etwas dagegen tun.

Wir wussten natürlich, dass die Japaner ein brisantes Thema waren, aber wir konnten selbstverständlich nicht wissen, wie es aufgenommen würde. Man riskiert bei solchen medialen Offensiven, dass es schief geht, doch das Risiko war in unserem Fall nicht sehr groß, denn wir hatten ja nichts mehr zu verlieren. Es hätte nicht funktionieren müssen, aber das war auch schon unser »worst case«.

Doch es funktionierte prächtig. Nachdem das *Manager Magazin* im Mai 1993 erstmals darüber berichtet hatte, dass bei Porsche in Zuffenhausen Japaner Regie führten, war das Thema in allen Medien präsent.[2] Die Berichterstattung über Porsche wurde nicht mehr dominiert von der Tristesse des Existenzkampfs, von den schlechten Zahlen und der Frage, wie lange wir noch durchhalten würden, sondern von den unkonventionellen Methoden eines cleveren schwäbischen Unternehmens. Die Wahrnehmung von Porsche in der Öffentlichkeit drehte sich und damit die Rückwirkung auf die Stimmung der Mannschaft im Unternehmen. »Wendelin Wiedeking hat sich für die Offensive entschieden«, hieß es nun.

Wie gesagt, es wäre vermessen zu behaupten, das sei das Ergebnis einer wohl bedachten und langfristig entwickelten Strategie gewesen. Ganz im Gegenteil, es war eine Gelegenheit, die sich ergeben hatte. Aber man muss sie auch erkennen und nutzen. Man muss den Mut haben, die Gelegenheit wahrzunehmen, und das Risiko eingehen, dass es schief geht. Man muss es einfach tun!

Nicht mehr und nicht weniger haben wir gemacht. Und wir haben daraus gelernt, wie es funktioniert. Deshalb haben wir es dann auch als Strategie genutzt, niemals jedoch als bloßen PR-Gag, sondern immer nach dem Motto: Wir stehen zu uns selbst und liegen damit nicht im Trend. Der Erfolg gibt uns Recht, und zwar nicht nur, weil die betriebswirtschaftlichen Zahlen stimmen. Die Medien berichten relativ häufig und dazu auch noch meistens in einem positiven Tonfall über unser Unternehmen und seine Produkte. Und wir bekommen inzwischen häufiger Preise, die uns nicht selten überraschen, immer aber stolz machen.

Denn Porsche zählt ja bekanntlich noch immer nicht zu den großen Konzernen dieser Welt. Allerdings haben wir mit unserer Art etwas erreicht, um das uns viele Giganten unserer Branche beneiden, weil sie es eben nicht haben: ein gigantisches Image. Und das ist mehr wert als der Mehrwert, der allein durch die Kapitalakkumulation im Unternehmen geschaffen wird.

Denn aufgrund des hohen Prestiges, das unsere Marke in der öffentlichen Wahrnehmung genießt, sind Porsche-Kunden eher als andere bereit, beim Kauf eines Neuwagens einen Premiumpreis zu akzeptieren. Oder andersherum betrachtet: Porsche ist weitgehend davor geschützt, in den Sog des teilweise ruinösen Preiswettbewerbs gezogen zu werden, der heute im internationalen Automobilmarkt herrscht.

Für dieses positive Image haben wir viele Jahre lang hart gearbeitet. Mit der erfolgreichen öffentlichen

Darstellung der japanischen Berater im Unternehmen hatten wir den ersten Schritt getan, um unser Schicksal auch in der Wahrnehmung von Kunden, Mitarbeitern und Öffentlichkeit zu wenden. Doch alle wussten, dass uns noch ein langer und steiniger Weg bevorstand. Und die wichtigste Frage war zweifellos: Was ist eigentlich der Kern von Porsche? Wozu wollen wir stehen? Was haben wir anzubieten, das unserem Überleben als unabhängiger Hersteller einen Sinn gibt?

Ganz im Sinn der Regel, anders zu sein und mit dem Regelbruch Aufmerksamkeit zu erzeugen, haben wir dann in unserer Kommunikation ein zentrales Argument aufgegriffen, das in der Krise immer wieder gegen Porsche verwendet wurde: Im harten globalen Wettbewerb überlebten nur die großen Unternehmen. Wir müssten uns wohl oder übel damit abfinden, eines Tages von einem dieser Haie geschluckt zu werden.

Als sich aber 1996 mit der erfolgreichen Markteinführung des Boxster abzeichnete, dass Porsche es aus eigener Kraft schaffen würde, haben wir dieses Argument umgedreht und gegen unsere Kritiker verwendet: Nicht die großen Unternehmen werden überleben, sondern die geschickten, die sich flexibel an die Marktgegebenheiten anpassen können. Wenn Größe allein das Kriterium sei, das über die Überlebensfähigkeit entscheide, müssten ja heute auch noch Dinosaurier die Erde bevölkern.

In der Folge zeigte sich, dass die fusionierten Großkonzerne am Markt mit erheblichen Schwierigkeiten zu kämpfen hatten, während aus Zuffenhausen Jahr für Jahr neue Erfolgsmeldungen kamen. Deshalb drehten wir das Thema in unserer Kommunikation gezielt weiter und stilisierten es zum Kampf des kleinen David gegen die Branchengoliaths. Man kann sich leicht ausmalen, wer in diesem ungleichen Kampf von der Öffentlichkeit mit den meisten Sympathiepunkten bedacht wird.

Es dauerte nicht lange, da war Porsche wieder eine erfolgreiche Marke. Und diejenigen, die uns wenige Jahre zuvor noch die Überlebensfähigkeit abgesprochen hatten, waren plötzlich ganz still. Der kleine Nischenhersteller aus Zuffenhausen hatte seine Kritiker eindeutig Lügen gestraft. Jürgen Schrempp, Chef des globalen Konzerns DaimlerChrysler, korrigierte sich sogar mit seiner Prognose. »Es werden sechs Automobilhersteller weltweit übrig bleiben«, erklärte er in einem Interview, »sechs und Porsche.«

Der Branchenwinzling aus Zuffenhausen hatte also die vorherrschende ökonomische Logik durchbrochen, nach welcher der Geschäftserfolg im globalen Wettbewerb allein durch die Unternehmensgröße bestimmt wird. Kurzum: Wir hatten das »Davidprinzip« für uns entdeckt. »Davidprinzip« – so lautet denn auch der Titel eines von Porsche initiierten Buches, das Aufsätze und Essays von prominenten Schriftstellern, Politikern, Sportlern und Unternehmern zum Thema »Klein gegen Groß« zusammengefasst hat.[3]

Dieses Prinzip war ein Kommunikationsbaustein zur Erlangung von öffentlicher Sympathie und gesellschaftlicher Anerkennung. »David gegen Goliath« lautet seither eine Kernaussage für die Existenz unseres Unternehmens. Denn es ist natürlich einfach sympathisch, wenn ein Kleiner beweist, dass die Großen, die Dinosaurier, nicht einfach durch die Welt laufen und alles platt machen können, und dabei auch noch glauben, sie kämen damit durch. »Es ist zumindest aus heutiger Sicht eine starke Leistung, eine solche Identität aufzubauen und zu bewahren«, bescheinigt uns die

Autorin Stefanie Winter in ihrem Buch über die Porsche-Methode.[4]

Porsche hat den Turnaround längst und für jedermann sichtbar geschafft – wirtschaftlich wie kommunikativ. Allerdings ist Erfolg kein statischer Zustand,
sondern ein dynamischer Prozess. Besonders deutlich
wird dies an der Börse: Eine Aktiengesellschaft gilt
dort in der Regel nur so lange als erfolgreich, wie es
ihr gelingt, das Geschäft Jahr für Jahr zu steigern und
überdurchschnittlich zu wachsen. Doch selbst das
reicht nicht aus, um den Kurs der Aktie deutlich nach
oben zu treiben. Denn Analysten und Anleger haben
in der Regel eine bestimmte – wenn auch nicht immer
rational begründbare – Vorstellung von der künftigen
Entwicklung einer Firma. In ihren Köpfen entsteht
eine Story, oder, wenn man so will, eine Art Science-
Fiction-Roman. Empfohlen und gekauft wird eine
Aktie nur dann, wenn der Protagonist der Story, also
das Unternehmen oder der Vorstandsvorsitzende, am
Ende als strahlender Held dasteht und der Roman mit
einem Happy End schließt.

Doch wehe, die tatsächlichen Geschäftszahlen bleiben auch nur ein Jota hinter dem zurück, was sich die
Analysten und Aktionäre in ihrer Phantasie ausgemalt
haben. Es genügt also nicht, die Erwartungen der
Öffentlichkeit oder der Finanz-Community nur zu
erfüllen. Die Medien und die Börsen wollen permanent
positiv überrascht werden, damit ihre Zukunftsphan-
tasien neu angeregt werden. Erst dann wird der Erfolg
tatsächlich wahrgenommen und in der Berichterstattung entsprechend berücksichtigt. Nehmen wir als
Beispiel noch einmal die Quartalsberichterstattung an
der Börse: Ich kenne eine ganze Reihe von Aktiengesellschaften, deren Vorstände die von der Deutschen

Börse AG vorgeschriebene vierteljährliche Veröffentlichung der Kennzahlen aus guten Gründen ablehnen. Kritik an diesem Procedere äußern sie aber bestenfalls hinter vorgehaltener Hand. Um ihr Unternehmen weiterhin in einem der Indizes gelistet zu finden, beugen sie sich den Vorgaben der Börse.

Porsche dagegen ist die einzige Firma, die sich tatsächlich konsequent weigerte, Quartalsberichte abzugeben – und die dafür sogar den Rauswurf aus dem M-Dax in Kauf genommen hat. Von Anfang an haben wir mit unserer Kritik an der vierteljährlichen Berichterstattung nicht hinterm Berg gehalten: Statt mit der Deutschen Börse eine Brieffreundschaft zu beginnen oder hinter verschlossenen Türen zu verhandeln, hat Porsche seine guten Argumente gegen die Quartalsberichterstattung an die Öffentlichkeit getragen.

Auch in diesem Fall war die Entscheidung zwar folgerichtig, aber keinesfalls einfach. Denn Heere von Analysten hatten uns den gnadenlosen Absturz an der Börse prophezeit, sollten wir in dieser Frage nicht einlenken. Die Versuchung, klein beizugeben, war deshalb durchaus vorhanden. Das Schwierigste war auch hier, die Idee nach innen durchzusetzen. Doch als die Entscheidung gefallen war, wurden wir von den Medien überrollt. Weltweit wurde über den Fall »Porsche versus Deutsche Börse« berichtet. Plötzlich fand sich das Thema »Quartalsberichte«, das bis dahin kaum kritisch hinterfragt worden war, sogar auf den Titelseiten von Tageszeitungen und Wirtschaftsmagazinen – und dies nicht nur in Deutschland, sondern auch in den USA.

Trotz des Rauswurfs aus dem M-Dax stand Porsche am Ende nicht etwa als Verlierer da, sondern als unbeugsamer Streiter für eine hehre Sache, dem die Sympathie der Öffentlichkeit galt. Unserem Aktienkurs hat diese Kontroverse bekanntermaßen ebenfalls nicht geschadet. Denn eines durften wir jedenfalls sehr schnell und mit großer Genugtuung feststellen: Wir füllten mit unserer Quartalsberichtskritik viel öfter die Wirtschaftsseiten der Zeitungen, als wenn wir alle drei Monate unsere Zahlen brav publiziert hätten.

Natürlich können wir uns auch nicht beklagen über die Aufmerksamkeit bei unserem Einstieg bei VW. Es gibt wohl kein Medium in irgendeinem wirtschaftlich entwickelten Land, das darüber nicht berichtet hätte. Wenn das nicht immer freundlich geschah, vor allem in den angelsächsischen Finanzblättern, dann hatte das wohl vor allem auch mit einem Regelbruch zu tun. Kann denn richtig sein, was gegen einen jahrzehntelangen Comment verstößt? Gegen die Meinung der meisten Fachleute – ob seriös oder selbst ernannt? Da gilt wohl eher die alte Regel, dass nicht sein kann, was nicht sein darf!

Dabei haben wir uns doch nur wieder an unsere Grundsätze gehalten und getan, was für unser Produktionsmodell am besten ist. So, wie wir es schon seit Jahren machen und auch in absehbarer Zukunft weiterhin zu tun gedenken. Uns auf unsere Stärken zu konzentrieren und uns mit Partnern zusammenzutun, um schlank, flexibel, profitabel und vor allem eigenständig zu bleiben.

Allerdings müssen wir inzwischen zur Kenntnis nehmen: Mit unserem Verzicht auf Subventionen und unserer Weigerung, Quartalsberichte vorzulegen, haben wir die Latte ziemlich hoch gelegt. Daran werden wir in allem gemessen, was wir tun. Die Öffentlichkeit erwartet von uns, dass wir auch künftig konsequent unseren eigenen Weg abseits des Mainstream gehen.

Diese Ansprüche auf Dauer zu erfüllen und insbesondere zu vermeiden, dass die Erfolgsgeschichte von Porsche in der öffentlichen Wahrnehmung plötzlich abbricht, das ist die wesentliche strategische Herausforderung. Denn ob man es will oder nicht: In jeder Erfolgsstory ist die Niederlage gewissermaßen bereits eingebaut. Das heißt, dass man auch in guten Zeiten alles tun darf, nur eins nicht: die Füße hochlegen. Wer Erfolg hat, steht als strahlender Sieger im Rampenlicht. Doch dort, wo der Lichtkegel nicht hinreicht, sitzen viele Neider, die nur darauf warten, dass man einen Fehler macht, damit sie sich anschließend selber ins rechte Licht rücken können.

Auch die Medien sind erbarmungslos, wenn das Feuerwerk an positiven Meldungen, das ein Unternehmen über viele Jahre hinweg abgeschossen hat, eines Tages nachlässt. Oft genügt ein einziger falscher Schritt, und schon steht man in den Negativ-Schlagzeilen. Sozial akzeptiert und glaubwürdig zu sein, ist das eine. Das andere ist, dafür zu sorgen, dass diese Glaubwürdigkeit auch von der breiten Öffentlichkeit wahrgenommen wird. Damit tut sich ein kleines Unternehmen naturgemäß sehr viel schwerer als ein großer Konzern. Wie gelingt es aber einem Nischenhersteller wie Porsche, mit seiner Piccoloflöte auf Dauer den guten Ton anzugeben?

Nur wer eine besondere, einzigartige Geschichte zu erzählen hat, erzielt in der Öffentlichkeit die gewünschte Wirkung. Ein Konflikt kann dafür durchaus eine gute Ausgangssituation sein – vor allem dann, wenn das Thema auf allgemeines Interesse stößt. Voraussetzung ist allerdings, dass sich der eigene Betrieb dabei nicht in der Defensive befindet, sondern aus einer Position der Stärke heraus agiert und gute Argumente auf seiner

Seite hat, die von der breiten Öffentlichkeit – zumindest
Schritt für Schritt – nachvollzogen werden können.

Konflikte spielen in der Kommunikation von Porsche eine wichtige Rolle und haben ganz entscheidend
zum Aufbau eines positiven Images beigetragen. Wir
bürsten geeignete Themen »gegen den Strich« und
gehen Streit nicht aus dem Weg. Damit geben wir Porsche ein scharfes Profil.

Aber auch dort, wo es nicht um Streit geht, wissen
wir interessante, einzigartige Geschichten zu erzählen, die von den Medien gerne aufgegriffen werden.
Franz Kafka ist so zu einem Lieblingsthema von Porsche geworden, denn so etwas steht nicht im Fokus
unserer Kunden. Wir haben die wieder zusammenge-
stellte Bibliothek des Dichters von einem fleißigen
Antiquar gekauft und der Kafka-Gesellschaft in Prag
gespendet – und sind damit in den Feuilletons der Zeitungen erwähnt worden.

Der große österreichische Schauspieler Klaus Maria
Brandauer tourte mit Lesestücken rund um das »Davidprinzip« durch Deutschland. Diese Lesungen fanden in sechs Porsche-Zentren statt. Tausende kulturell
interessierter Menschen kamen auf diese Weise erstmals mit Porsche in Berührung. Oder die Ladegast-
Orgel in der Leipziger Nikolaikirche, die mit unserer
finanziellen Unterstützung restauriert und von unseren
Designern neu gestaltet wurde. Sonderzüge fahren heute nach Leipzig, voll mit Menschen, die unsere Orgel
sehen wollen. Pfarrer Christian Führer, der vor der
Wiedervereinigung die Leipziger Montagsdemonstrati-
onen anführte, predigte in seiner Kirche über den guten
Geist von Porsche.

All dies trägt kontinuierlich mit dazu bei, Aufmerksamkeit und Sympathie für unsere Marke zu

schaffen. Wie lässt sich ein gutes Image dauerhaft absichern? Einige wenige Grundsätze sind dabei ganz hilfreich:

- Man sollte permanent wachsam sein, auf Krisensignale achten und dem Zeitgeist nicht hinterherlaufen, ihn aber aufmerksam verfolgen.
- Man darf den öffentlichen Streit nicht scheuen. Dort, wo es den Interessen des Unternehmens dient, sollte man sich klar positionieren.
- Die kommunikativen Botschaften, die ein Unternehmen aussendet, müssen sich im unternehmerischen Handeln widerspiegeln. Nur so ist man glaubwürdig.
- Die zu realisierenden Ideen und Vorstellungen müssen einer langfristigen Strategie folgen, sie dürfen nicht aktionistisch sein und sollten für alle gesellschaftlichen Gruppen – also nicht nur für Kunden – problemlos nachvollziehbar sein.

Bei all dem, was wir täglich tun, ist uns bewusst: Porsche hat kein Dauerabonnement, das uns auf ewig den Spitzenplatz in den Imageranglisten garantiert. Erfolg ist kein Perpetuum mobile, sondern das Ergebnis harter Arbeit. Wir wissen jedenfalls, dass mit jeder Erfolgsmeldung nicht nur die Messlatte ein Stück höher gelegt wird, sondern zugleich auch die Fallhöhe wieder etwas steigt. Es ist dieses Bewusstsein, das uns mit dem notwendigen Maß an Demut erfüllt, um die Bodenhaftung nicht zu verlieren.

Andererseits aber glauben wir nicht, dass uns der Erfolg des vergangenen Jahrzehnts nur einfach so zufällig in den Schoß gefallen ist, weil wir Glück hatten. Er hat auch etwas mit unserer Haltung zu tun, davon sind wir zutiefst überzeugt. Er ist auch das Spiegelbild von gewissen Sehnsüchten bei den Menschen. Das Selbstverständliche, nämlich zu seinen Überzeugungen zu stehen und sie auch in die Tat umzusetzen, erscheint dann häufig als das Außergewöhnliche in einer globalisierten Welt, in der immer mehr Regeln und Werte verloren zu gehen scheinen. In der niemand mehr weiß, wo es langgeht, und jeder offenbar nur noch sich selbst der Nächste ist.

Die Menschen sehnen sich ganz offensichtlich nach Orientierung, wahren Analysen der Situation, klaren Zielen und mutigen Entscheidungen. Das habe ich im Kapitel über die Politik ausführlich beschrieben. Es gilt für Unternehmen genauso wie für die Gesellschaft und damit für Unternehmer und Manager so selbstverständlich wie für Politiker. Dies gilt für Kunden und Konsumenten wie für Wähler und Bürger. Und es gilt vor allem dann, wenn große Umbrüche anstehen. So wie bei Porsche Anfang der 90er Jahre und so wie in der Gesellschaft seit Jahren und in absehbarer Zukunft.

»Die einzige Konstante am Kapitalismus scheint seit den Zeiten von Marx die Instabilität zu sein«, schreibt der amerikanische Soziologe Richard Sennett. »Die Umwälzung der Märkte, der Veitstanz der Investoren, der plötzliche Aufstieg, Zusammenbruch oder Wandel von Unternehmen, die massenhafte Zuwanderung von Arbeitskräften auf der Suche nach Arbeit oder einer besseren Arbeitsstelle – solche Bilder von der Energie des Kapitalismus prägten das 19. Jahrhundert. Heute scheint der Kapitalismus mit dieser instabilen Energie völlig aufgeladen zu sein – wegen der globalen Ausbreitung der Produktion, der Märkte und der Finanzdienste sowie des Aufstiegs neuer Technologien.«[5]

In diesen Umbruchzeiten ist es eine der wichtigsten Aufgaben der Eliten in Wirtschaft und Politik, Orientierung zu vermitteln. Wir haben mit unserem Verhalten, mit unserer Art zu agieren, offensichtlich dieses Bedürfnis der Menschen in unserem kleinen, bescheidenen Rahmen erfüllt. Wir haben es geschafft, die Menschen zu erreichen und ihnen Vertrauen zu geben. Das könnte ein Beispiel sein für andere Unternehmen, aber auch für Politiker. Deshalb habe ich unsere Erfahrungen aufgeschrieben, nicht – wie schon gesagt – um sie eins zu eins zur Nachahmung zu empfehlen und schon gar nicht, um uns zur Schau zu stellen – aber doch als Plädoyer, sich dieser wichtigen Aufgabe immer bewusst zu sein.

Geleitet hat mich dabei eine Erkenntnis, die der amerikanische Reporter und Pulitzer-Preisträger Herbert Bayard Swope einmal so formulierte: »Eine Erfolgsformel kann ich dir nicht geben, aber ich kann dir sagen, was zum Misserfolg führt: der Versuch, jedem gerecht zu werden.«

....

STATT EINES NACHWORTES

Porsche ist ein Beispiel, wie Erfolg in Deutschland heute möglich ist. Nicht mehr und nicht weniger.

Ein Beispiel: Es gibt viele andere – Deutschland ist besser, als viele glauben.

Ein *Beispiel:* Keine Handlungsanleitung, kein Patentrezept – die gibt es nicht.

Deshalb noch einmal kurz zusammengefasst einige Lektionen, die wir – nach Entrichtung eines nicht kleinen Lehrgeldes – gelernt haben und die wir verallgemeinern können:

– Der Erfolg eines Unternehmens lässt sich nicht nur am Aktienkurs ablesen. Erfolg am Aktienmarkt ist wichtig, aber nicht alles. Und groß ist die Gefahr, dass man dort durch Quartalsberichte oder Ähnliches zu kurzfristigem Denken geführt wird.

– Wer immer nur Kosten reduziert, wird bald nichts und niemanden mehr haben, um seine Produkte herzustellen und zu verkaufen.

– Jedes Unternehmen braucht engagierte, fleißige und loyale Mitarbeiter. Es wird sie aber nicht haben, wenn man ihnen immer wieder sagt, sie hätten sich zügig auf das Lohnniveau von Thailand zu begeben.

– Der »Standort Deutschland« wird immer billig geredet, im doppelten Sinn des Wortes. Aber es kommt nicht darauf an, wie billig wir hier sein können, denn mit den Schwellenländern können wir sowieso niemals konkurrieren. Es kommt darauf an, wie gut wir sein können. Wichtiger Faktor für uns ist die Kreativität aller, die in Deutschland arbeiten. Dann kann man mit dem Sturm der Globalisierung auch seine Segel füllen.

– Und diese Kreativität braucht den Regelbruch: immer wieder neu ansetzen, neu denken muss unser Motto sein!

– Niemandem wehzutun und deshalb zu glauben, man habe den goldenen Mittelweg gefunden, ist auch eine Lösung – allerdings die falsche (wer dies als einen enttäuschten Seitenhieb auf die große Koalition in Berlin versteht, liegt nicht ganz verkehrt).

Zu Anfang des Buches habe ich die Frage beantwortet, warum ich neben meinen Aufgaben als Firmenchef noch ein Buch schreiben wollte. Genauso wenig, wie man ein Unternehmen ohne engagierte Mitarbeiter führen kann, lässt sich so ein Projekt allein verwirklichen. Deshalb will ich hier denen danken, die mir bei diesem »Seitensprung« geholfen haben: Rainer Hupe, Martin Hohnecker und Anton Hunger, sowie Wolfgang Ferchl und Ulrich Wank vom Piper Verlag. Zu großem Dank

bin ich aber auch meiner gesamten Belegschaft verpflichtet, die mit beispiellosem Engagement oft bis zur
Selbstverleugnung den Prozess der Veränderungen bei
Porsche mitgetragen und vorangetrieben hat. Mir erschien es wichtig, die klaren und einfachen Botschaften,
die ich während der letzten 15 Jahre an der Spitze von
Porsche verstanden habe, an viele weiterzugeben. Sie
sind natürlich nicht das Evangelium. Vielmehr müssen
sie immer wieder angepasst werden. Jeder Einzelne ist
dazu aufgerufen.

Sehr schön hat dies einer zusammengefasst, der bei
vielen Unternehmern nicht eben beliebt war: »Nichts
kommt von selbst: Darum besinnt Euch auf Eure Kraft
und darauf, daß jede Zeit ihre eigenen Antworten will
und man auf ihrer Höhe sein muß, wenn Gutes bewirkt
werden soll.« (Willy Brandt)

ANMERKUNGEN

1. KAPITEL: Vom aufrechten Gang

1 *Financial Times*, »Porsche plans to acquire 20 % stake in VW«, 26. 09. 2005.
2 *Financial Times Deutschland*, »Investmentfonds greift Volkswagen an«, 2. 12. 2005.
3 *Die Woche*, »Keine Mark für die Autoindustrie«, 26. 2. 1999.
4 Eberhard von Kuenheim, Rede anlässlich seiner Aufnahme in die »Automotive Hall of Fame« am 5. Oktober 2004 in Detroit.
5 *Frankfurter Allgemeine Zeitung*, »Wir haben das Geld für die wirklich sozialen Bedürfnisse«, 18. 11. 2004.
6 Richard Sennett, *Die Kultur des neuen Kapitalismus*, Berlin Verlag.
7 Preisverteilung durch *Investor Relation Magazine* und *The Wall Street Journal Europe* am 29. 10. 2001 in Paris.

2. KAPITEL: Zocker und Zyniker

1 *Frankfurter Allgemeine Zeitung*, »Die unterschätzte Unternehmenskultur«, 8. 08. 2005.
2 Günter Ogger, *Die Ego-AG. Überleben in der Betrüger-Wirtschaft*, Verlag C. Bertelsmann.
3 *Frankfurter Allgemeine Sonntagszeitung*, »Angst essen Aufschwung auf«, 4. 08. 2002.
4 *Frankfurter Allgemeine Zeitung*, »Bilanzskandal trifft 85 000 Familien«, 28. 01. 2004.
5 *manager-magazin.de*, »Die Chronik einer Kapitalvernichtung«, 1. 06. 2003.

6 *Frankfurter Allgemeine Zeitung*, »Vorgezogene Umsätze, ein Geständnis und ein Widerruf«, 15.11.2002.

7 *manager-magazin.de*, »Die Kleinanleger sind nichts als Kanonenfutter«, 2.03.2001.

8 *Manager Magazin*, »Mehr Schein als Sein«, Nr. 5/2002.

9 Alfred Rappaport, *Shareholder Value*, Verlag Schäffer-Poeschel.

10 *Frankfurter Allgemeine Sonntagszeitung*, »Mit dem Geld fremder Leute«, 14.08.2005.

11 *manager-magazin.de*, »Perpetuierung falscher Corporate Governance«, 14.10.2002.

12 *manager-magazin.de*, »Von Opportunisten und Wendehälsen«, 30.12.2002.

13 Thorstein Veblen, *Theorie der feinen Leute*, Verlag Fischer Wissenschaft.

3. KAPITEL: Die weißen Raben

1 Deutschlandradio 2006, »Deutschlands ältestes Familienunternehmen«.

2 *Financial Times Deutschland*, »Familienunternehmen erleben Renaissance«, 17.03.06.

3 Andrea Colli, *The History of Family Business 1850–2000*, Cambridge University Press.

4 *manager-magazin.de*, »Die Jobmacher«, 1.04.2005.

5 *Brand Eins*, »Die Perfektion des Banalen«, Nr. 9/2003.

6 *manager-magazin.de*, »Der Schraubenkönig«, 8.01.2004.

7 *Der Spiegel*, »Wir leben im Schlaraffenland«, Nr. 33/2005.

8 *Brand Eins*, »Das Erbstück«, Nr. 2/2004.

9 ebenda

10 *manager-magazin.de*, »Licht ist Trumpf«, 19.11.2003.

11 Fritz B. Simon, Rudolf Wimmer, Torsten Groth, *Mehr-Generationen-Familienunternehmen. Erfolgsgeheimnisse von Oetker, Merck, Haniel u. a.*, Carl Auer Verlag.

12 Lord Ralf Dahrendorf, »Wie sozial kann die Soziale Marktwirtschaft sein?«, Institut der deutschen Wirtschaft, Forum Nr. 1/2005.

13 *Kommunikationsmanager*, »Business Mission«, März 2006.

4. KAPITEL: Werte als Wegweiser

1 *Cicero*, »Seid liberal, nicht neoliberal«, Nr. 5/2005.
2 *Die Zeit*, »Das Gesetz des Dschungels«, Nr. 50/2003.
3 *Cicero*, »Diktatur der Manager«, Nr. 3/2005.
4 John Kenneth Galbraith, *Die solidarische Gesellschaft*, Hoffmann und Campe Verlag.
5 *Die Zeit*, »Wahnsinnige Gewinne«, Nr. 49/2005,
6 St. Galler Beiträge zur Wirtschaftsethik Nr. 35, »Die soziale Verantwortung der Wirtschaft. Was Bürger von Unternehmen erwarten«.
7 Wilhelm Heitmeyer (Hrsg.), *Deutsche Zustände*, Folge 4, Suhrkamp Verlag.
8 Johannes Rau, »Vertrauen in Deutschland – eine Ermutigung«, Berliner Rede vom 12. Mai 2004.
9 *Stern*, »Neue Sehnsucht nach Werten«, Nr. 46/2005.
10 *Die Zeit*, »Deutschland vom Pessimismus befreien«, Nr. 13/2004.

5. KAPITEL: Der Ruf nach der Politik

1 Henrik Müller, *Wirtschaftsfaktor Patriotismus. Vaterlandsliebe in Zeiten der Globalisierung*, Eichborn Verlag.
2 *Financial Times Deutschland*, »Steinbrück trägt SPD-Kurs nur teilweise«, 25.04.2006.
3 Institut der deutschen Wirtschaft, *Vision Deutschland – Der Wohlstand hat Zukunft*, Deutscher Instituts-Verlag.
4 Institut für Weltwirtschaft, »Der Kieler Subventionsbericht: Grundlagen, Ergebnisse, Schlussfolgerungen«, Kieler Diskussionsbeiträge 423, Februar 2006.
5 Peer Steinbrück, »Tragfähigkeit der öffentlichen Finanzen sichern – Zukunftsfähigkeit Deutschlands wahren«, Rede am 1.12.2005 anlässlich der Regierungserklärung im Deutschen Bundestag.
6 Institut der deutschen Wirtschaft, *Vision Deutschland – Der Wohlstand hat Zukunft*, Deutscher Instituts-Verlag.
7 *OECD in Figures*, 2005 Edition.
8 ebenda
9 Institut der deutschen Wirtschaft, »Spießrutenlauf für Gründer«, *iwd*, Nr. 17, 22.4.2004.
10 ebenda

6. KAPITEL: Das Beispiel Porsche

1 *Die Welt,* »Auto-Coup missfällt Börse«, 27.09.2005.
2 *Financial Times Deutschland,* »Anleger strafen Porsche ab«, 27.09.2005.
3 *The Wallstreet Journal Europe,* »German Solution for VW?«, 27.09.2005.
4 *Financial Times,* »Porsche plans to acquire 20% stake in VW«, 26.09.2005.
5 ebenda, »Porsche's VW stake raises key question.«
6 *Frankfurter Allgemeine Sonntagszeitung,* »Die Sehnsucht nach dem Autokombinat«, 2.10.2005.
7 *Manager Magazin,* »Ich habe nie den Diktator gespielt«, Nr. 8/1988.
8 James P. Womack, Daniel T. Jones, *Auf dem Weg zum perfekten Unternehmen,* Campus Verlag.
9 ebenda
10 James P. Womack, Daniel T. Jones, Daniel Roos, *Die zweite Revolution in der Autoindustrie,* Campus Verlag.
11 *Der Spiegel,* »Wer bellt, muss auch beißen«, Nr. 43/1993.
12 *Manager Magazin,* »Zeit der Samurai«, Nr. 1/1994.
13 James P. Womack, Daniel T. Jones, *Auf dem Weg zum perfekten Unternehmen,* Campus Verlag.
14 *Manager Magazin,* »Zeit der Samurai«, Nr. 1/1994.
15 ebenda
16 *Süddeutsche Zeitung,* »Beifall für die Löwennummer«, 6.07.2002.
17 Minoru Tominaga, *Aufbruch in die Wagnisrepublik,* Econ Verlag.
18 *Der Spiegel,* »Zurück zu den Wurzeln«, Nr. 2/1993.

7. KAPITEL: Der Kopf ist rund

1 *Manager Magazin,* »Imageprofile 2006«, Nr. 2/2006.
2 *Manager Magazin,* »Die fünfzehn Samurai«, Nr. 6/1993.
3 Wendelin Wiedeking, *Das Davidprinzip. Macht und Ohnmacht der Kleinen,* Verlag Wagenbach.
4 Stefanie Winter, *Die Porsche-Methode,* Ueberreuter.
5 Richard Sennett, *Die Kultur des neuen Kapitalismus,* Berlin Verlag.

PIPER

Anton Hunger, Dieter Landenberger
Das Porsche Calendarium
1931–2006

172 Seiten. Serie Piper

Viele Männer – und Frauen! – kommen bei dem Namen
»Porsche« ins Träumen; am meisten freilich die nüchtern-
sten unter ihnen, die Wirtschaftsanalysten. Denn Porsche ist
nicht nur das deutsche Unternehmen mit dem attraktivsten
Namen, sondern auch mit dem größten Erfolg: Der kleinste
unabhängige deutsche Autoproduzent ist zugleich der profitabelste Automobilhersteller der Welt. Aus Stuttgart-Zuffen-
hausen kommen die Ziffern, die Autofans und Analytiker
gleichermaßen schwärmen lassen: 356, 917, 959 und natürlich
die Legende persönlich: 911 …

01/1593/01/R